THOMAS PESQUET

SOLÈNE HADDAD

City
Biographie

Photo de couverture : © JOEL SAGET / AFP
ISBN : 978-2-8246-2282-8
Code Hachette : 11 6063 7
Collection dirigée par Christian English et Frédéric Thibaud
Catalogues et manuscrits : city-editions.com

Dépôt légal : Octobre 2023

Sommaire

Thomas Pesquet

Comme Thomas, rêvons un peu… Avant de retracer le parcours de l'un des plus célèbres astronautes français, osons imaginer un nouveau chapitre de sa fabuleuse aventure à la conquête de l'espace. Car cette histoire extraordinaire, extraterrestre même, commence dans les rêveries d'un petit garçon qui lève le nez vers le ciel pour se perdre dans l'infiniment grand des nuits étoilées.

Alors, comme lui, embarquons à bord d'une navette, spatio-temporelle cette fois, pour faire un petit bond dans le temps, dans quelques années, quand, peut-être, notre héros national poursuivra sa folle odyssée spatiale en faisant partie de la mission à haut risque, la plus ambitieuse jamais effectuée, l'accomplissement d'un rêve millénaire, poser un premier pas sur le sol de la planète rouge, celle qui fait rêver l'humanité depuis toujours, l'objectif ultime de l'astronomie.

Envoyer des hommes sur Mars, ce rêve fou, qui paraissait encore inaccessible il y a peu, est à portée de main, ou presque. Des milliers de scientifiques de tout pays travaillent sans relâche pour parvenir à relever ce défi technique, biologique et logistique de haute volée, afin de faire advenir la science-fiction et que le rêve devienne réalité. Aujourd'hui, la perspective d'une expédition martienne est très sérieusement envisagée à l'horizon 2030 ou 2040. Alors peut-être que Thomas Pesquet aura la chance d'être l'un des pionniers de cette nouvelle prouesse…

8 mai 2039, 20 h 53

Le monde entier retient son souffle. Toutes les télévisions, toutes les caméras de tous les téléphones, grâce à leur technologie de pointe, sont braquées sur un seul petit point lumineux dans le ciel, que l'on suit attentivement, depuis déjà neuf longs mois. Après avoir parcouru plus de 78 millions de kilomètres, l'équipage s'apprête à atterrir sur Mars. L'humanité est à quelques minutes de réaliser un nouvel exploit. Soixante-dix ans après avoir posé le pied sur la Lune, les quatre astronautes de la mission Mars se préparent à un autre premier pas historique.

20 h 58

Le vaisseau décélère à l'approche de la planète rouge, grâce au freinage atmosphérique. Tout semble se dérouler comme prévu. Les images qui nous parviennent sont époustouflantes. L'atterrissage est imminent. À l'intérieur du vaisseau, l'équipage se prépare à une sortie extravéhiculaire exceptionnelle…

21 h 02

Le vaisseau n'est plus qu'à quelques mètres du sol rocailleux de la quatrième planète du système solaire. La zone d'atterrissage définie au cours de la mission est en approche.

21 h 03

Le vaisseau vient d'atterrir sur Mars ! La mission, pour l'instant, se déroule sans aucun incident. Dans quelques instants, un premier homme ou une première femme s'extirpera du vaisseau dans sa combinaison spatiale, afin de descendre sur la planète rouge.

21 h 29

La porte du vaisseau s'ouvre : un premier astronaute sort sa tête, un drapeau français à la main. Il s'extirpe de l'habitacle, fait quelques pas hésitants… Thomas Pesquet a l'immense honneur d'être le premier homme à marcher sur la planète Mars !

Si nous pouvons imaginer l'astronaute français marcher dans les pas de Neil Armstrong et prononcer une phrase aussi culte que celle de son prédécesseur, s'il peut lui-même s'autoriser à caresser ce rêve, ce n'est pas dû au hasard… mais à une personnalité, à un parcours, à un chemin de vie hors du commun. Thomas Pesquet met tout en œuvre pour réaliser ses rêves, immenses, et les partager au reste du monde. Aussi travailleur, rigoureux que généreux, le prodige de l'espace français a déjà un parcours exceptionnel, qu'il a franchi étape par étape, avec humilité, simplicité et abnégation, une volonté de fer et une détermination à toute épreuve. Cet admirable sans-faute dans son parcours le conduira-t-il jusqu'à Mars ? Pour l'instant, fidèle à l'une de ses premières bandes dessinées, Thomas a les yeux tournés vers notre satellite. Objectif : Lune. Une chose est sûre, Thomas n'a pas fini de nous faire rêver…

1
L'enfant rêveur

Pourtant, rien ne prédisposait ce petit-fils d'agriculteurs, depuis des générations, natif du pays de Caux, en Normandie, à tutoyer les étoiles et à embrasser un destin que peu d'êtres humains depuis l'histoire de l'humanité peuvent se targuer d'avoir eu. Comme il le confiera à la journaliste Laure Belot, lors d'une interview parue dans *Le Monde* du 7 janvier 2019, « ce n'était pas écrit sur mon berceau que j'allais devenir astronaute. Mes grands-parents étaient agriculteurs tous les deux, des deux côtés. Mes parents, institutrice et professeur. J'ai pris l'avion pour la première fois à 20 ans, après mes deux années de classe préparatoire, et aucun autre membre de ma famille n'avait le moindre lien avec le monde de l'aéronautique et du spatial. »

Ce destin exceptionnel, cette odyssée spatiale qui a fait briller les yeux de centaines de millions de personnes dans le monde, qui a rendu si fiers son pays tout entier, sa Normandie natale, bien sûr, mais aussi tous les lieux dans lesquels il s'est arrêté, démarre dans un petit village de Seine-Maritime. Né à Rouen, le 27 février 1978, Thomas grandit au cœur de la campagne cauchoise, à Auffay, une petite bourgade non loin de la capitale normande, sur la route de Dieppe, qui a été rebaptisée Val-de-Scie, en 2019, après une fusion avec deux autres communes. Ses quatre grands-parents, comme leurs parents avant eux, étaient agriculteurs dans cette belle région. Véritable enfant du terroir, Thomas n'est pas le premier de la lignée familiale à se détourner du travail de la terre. Ses parents, avant lui, se sont orientés vers une carrière dans l'enseignement, la transmission. Son père, Benoît Pesquet, enseigne les mathématiques et la physique, et sa mère, Chantal, est institutrice. Une clé, sans doute, pour comprendre l'engagement sans faille de Thomas dans ses études, mais plus largement dans tout ce qu'il entreprend. Si ses parents lui ont sans doute transmis le plaisir d'apprendre, la soif de découvrir, d'élargir toujours ses centres d'intérêt, mais également l'importance des efforts à fournir pour obtenir ce que l'on veut, le futur astronaute a sûrement puisé aussi sa force auprès de ses grands-parents. La terre ne pardonne pas, et demande rigueur, régularité et travail. Ces valeurs semblent incarnées chez Thomas avec une constance sans faille et, plus impressionnant encore, dans tous les aspects de sa vie. Curieux, sportif et actif dans la vie locale, le couple Pesquet s'implique dans différentes associations, comme le tennis club d'Auffay dirigé un temps par le père de Thomas.

La pratique d'activités sportives et culturelles est d'ailleurs l'un des autres grands secrets de la réussite de leur progéniture. Car Thomas n'est pas le seul enfant de la famille. De quinze mois son aîné, Baptiste aura lui aussi une brillante carrière en tant qu'ingénieur informaticien et dans l'enseignement de l'informatique et de l'intelligence artificielle.

En cet hiver 1978, l'heure n'est pas encore aux grands projets, mais aux premiers pas pour l'un et au babillage pour l'autre ! C'est dans une jolie maison traditionnelle normande, rue Gambetta, au centre de ce charmant hameau d'Auffay, que les deux frangins découvrent le monde, avec déjà une grande curiosité. Tous les matins, les enfants parcourent à pied les quelques centaines de mètres qui séparent leur maison de l'école communale, où enseigne leur mère. Des années plus tard, le 8 novembre 2019, Thomas reviendra en héros sur les terres de son enfance après sa folle épopée dans l'espace pour inaugurer le jardin public qui porte désormais son nom, devant des écoliers, des collégiens, des villageois fiers de l'exploit de l'enfant du pays, et des caméras en nombre dont celle du *Courrier Cauchois*. Lors de cette cérémonie émouvante, devant le jardin public, l'astronaute se remémore ce chemin qu'il a arpenté maintes et maintes fois quand il était minot : « Si on penche un peu la tête, on aperçoit la maison dans laquelle j'ai grandi jusqu'à ma seizième année. C'était juste derrière ce jardin public. J'y passais tous les jours à pied pour aller à l'école primaire, puis au collège. » Si le jeune prodige a le goût du voyage – c'est le moins que l'on puisse dire ! –, Thomas a toujours gardé son affection et son attachement pour la région qui l'a vu grandir, et notamment ce petit village cauchois. Il le dira lui-même, ce jour-là, « mes racines sont ici ». Comme si peut-être, pour puiser sa force afin de gravir un à un les échelons de la réussite et s'envoler vers les étoiles, il lui fallait prendre sa source chez lui, bâtir sur un socle solide. Mieux que personne, Thomas Pesquet incarne parfaitement l'adage « la tête dans les étoiles et les pieds sur Terre ».

D'ailleurs, très vite, les jeux du petit garçon, intrépide et curieux, s'orientent vers le ciel. Un cliché devenu célèbre, posté par Thomas sur les réseaux sociaux, montre sa frimousse, à l'âge de 4 ans, dans une fusée, fabriquée avec soin – et amour – par son père, sans se douter un instant qu'un jour il verrait son fils s'envoler dans l'espace à bord du Soyouz ou de SpaceX. À l'intérieur de ce refuge de carton, le gamin rêveur explore les contours de son imaginaire déjà riche, s'imagine peut-être poser le pied sur la Lune, sur Mars ou sur des planètes inconnues… Biberonné à la culture pop, le gamin adore Star Wars, les univers de science-fiction. Alors, à bord de son vaisseau, Thomas part à la découverte de galaxies lointaines. Au cours d'une interview accordée à la journaliste Pauline Normand, le 14 mars 2020, pour l'émission de Brut, « 3 moments qui ont changé la vie de Thomas Pesquet », l'astronaute évoquera sa première fusée, celle qui peut-être déclenchera les autres, et plus encore une passion, un destin hors du commun : « Je me souviens bien, c'était mon père qui m'avait fabriqué une fusée. C'était mon truc à moi, il y avait des coussins dedans, une espèce de volant, des espèces de commandes qu'il avait faites, puis des cadrans qui étaient dessinés au feutre sur un rabat du carton. Voilà, je passais des heures là-dedans et je me faisais des voyages interplanétaires. »

Quand Thomas n'explore pas les recoins de l'espace – ou de sa maison ! – avec sa fusée fabriquée par son père, il ne s'ennuie pas pour autant. Insatiable et touche-à-tout, le petit garçon a de nombreux centres d'intérêt. L'espace, bien sûr, qui le fascine déjà et inspirera la décoration de sa chambre d'adolescent, mais aussi la science-fiction, la bande dessinée, la musique, le sport… Sans négliger pour autant la scolarité ! Thomas, dès l'enfance, montre l'une de ses plus grandes forces : une polyvalence à toute épreuve. Tel Midas, l'astronaute semble avoir la capacité de transformer tout ce qu'il touche en or. Un brin agaçante, cette aptitude ne doit pourtant rien au hasard, mais à un travail acharné. Dès tout petit, le fils de prof comprend l'intérêt de ne pas ménager ses efforts. L'enfant du pays de Caux ne cède jamais à la facilité. Tout au long de sa scolarité, en primaire, au collège René-Coty, à Auffay, puis, au lycée, Thomas ne se contente pas d'avoir juste la moyenne. Il fournit les efforts nécessaires pour obtenir d'excellents résultats. Brillant à l'école, il l'est aussi dans ses activités extrascolaires. Et notamment sur les tatamis ! Très sportif, Thomas s'essaie à plusieurs activités, mais tombe réellement amoureux du judo, l'une de ses grandes passions fondatrices qui l'accompagneront toute sa vie, et dont il puise force et sagesse. C'est au dojo du judo-club Val-de-Saane que Thomas fait ses premiers pas sur un tatami et remporte ses premiers trophées. En 1991, il fait déjà la fierté de sa famille et de son village, en obtenant le titre de champion de judo de Seine-Maritime ! L'ambition chez lui est une seconde nature, et Thomas n'a pas de temps à perdre. Compétitif dans l'âme, sans jamais être orgueilleux ni méprisant, le jeune garçon construit patiemment l'édifice de sa future réussite. Peu à peu, il polit les pierres qui lui permettront d'atteindre ses rêves.

De 1986 à 1996, Patrick Esclapez lui enseigne tous les secrets de cet art martial nippon. Encore fier de son jeune disciple, le judoka confie, en toute humilité, à Anthony Diao lors d'un entretien pour le site internet lespritdujudo.com : « Ce n'est pas lui qui a eu la chance de m'avoir comme professeur. C'est moi qui ai eu la chance de l'avoir comme élève. » Il se souvient de cet élève qui aurait pu faire une belle carrière dans le sport de haut niveau, tant il avait les qualités requises, aussi bien sportives que mentales. Car du judo, Thomas, comme de tout ce qu'il entreprend, en tire de nombreux apprentissages. La rigueur, le travail, bien sûr, mais aussi l'esprit d'équipe, l'entraide, la confiance, le respect. Autant de qualités humaines indispensables pour vivre dans un espace clos comme la Station spatiale internationale… Patrick Esclapez se souvient encore du parcours du jeune prodige : « C'était un enfant qui était bon partout. Il a gagné les championnats de Seine-Maritime en minimes, fait un podium aux ligues en cadets… Il venait une ou deux fois par semaine entre ses cours de saxophone et ses entraînements de basket. Il aurait pu, s'il l'avait souhaité, aller beaucoup plus haut. » Qu'il se rassure, Thomas est allé encore bien plus haut que ce que quiconque aurait pu imaginer…

Quand Thomas Pesquet ne remporte pas un titre de champion du haut de ses 13 ans, il s'adonne à ses autres hobbies, comme le saxophone alto, qu'il étudie avec succès au conservatoire, la natation ou encore le basket, dont il est absolument fan… D'ailleurs, celui qui deviendra le dixième Français de l'histoire à aller dans l'espace se verrait bien basketteur. S'il adore toujours autant l'astronomie et que ses murs sont recouverts de posters d'étoiles, ses idoles ne sont pas Jean-Loup Chrétien ni même Neil Armstrong, mais bien plus Michael Jordan ou Tony Parker, qu'il aura la chance de rencontrer. Avec humour, Thomas évoque à Brut sa carrière ratée de basketteur : « Moi, mon héros quand j'étais ado, c'était Michael Jordan. Je voulais être basketteur. Je voulais être grand, noir, faire deux mètres, être américain et jouer au basket. Malheureusement, ça ne s'est pas passé comme ça. » Pour se rattraper, Thomas emportera dans l'ISS un ballon de basket qu'il réussira sans aucune difficulté à mettre dans le panier… En impesanteur, il peut enfin prendre sa revanche contre Michael Jordan.

Plus que de simples activités extrascolaires pour passer le temps en dehors de l'école, ses pratiques sportives et culturelles ont véritablement forgé l'homme qu'il est devenu. Très conscient de ce qu'il doit à ces apprentissages hors du cursus scolaire, Thomas encourage sans cesse les enfants et les jeunes à s'accrocher à leurs rêves, et à ne pas négliger les activités extrascolaires. Lors d'un rendez-vous organisé par *Le Monde*, le 7 janvier 2019, avec des jeunes de 16 à 25 ans pour les aider à trouver leur voie, l'astronaute, invité d'honneur, prodigue ses précieux conseils. Il insiste, bien sûr, sur la nécessité d'un travail assidu et régulier à l'école, « clé de la réussite », mais tient à souligner l'importance de tout ce qui apparaît « en bas du C.V. », c'est-à-dire les loisirs, les passions, les hobbies, qui peuvent être déterminants dans une carrière. Il l'affirme avec force : « C'est ce “bas du C.V.” qui m'a permis de devenir astronaute. Sans ce que j'ai fait après l'école, je n'aurais eu aucune chance à la sélection. Quasiment tous les jours, c'était entraînement de judo, de basket, cours de saxophone, ensemble musical, etc. Natation le vendredi, match le samedi. J'ai appris beaucoup de choses après 17 heures. » Un véritable emploi du temps de ministre dès l'enfance ! L'astronaute rend hommage, dans un clin d'œil, au dévouement de ses parents : « Ce sont d'ailleurs mes parents qui m'ont permis cela, en parcourant des milliers de kilomètres en voiture pour m'emmener partout. »

Nul doute que pour tenir ce rythme, il lui fallait être déjà très motivé et rigoureux, mais aussi bénéficier d'un accompagnement de chaque instant. Très clairement, les parents Pesquet ne sont pas pour rien dans l'extraordinaire carrière de leur fils. Thomas gravite donc d'une activité à une autre, mais sans jamais relâcher son attention scolaire. Au cours de sa scolarité, aucun coup de mou, aucun décrochage. Avant tout pour une raison simple. Très tôt, les parents Pesquet passent une sorte de marché avec leurs enfants : tant qu'ils travaillent bien et qu'ils obtiennent de bonnes notes, ils sont à peu près libres de faire ce qu'ils veulent. Stimulés par cet équilibre vertueux, les enfants acquièrent des habitudes de travail qui leur seront utiles tout au long de leur vie. Après le collège, il est temps pour Thomas de quitter son village natal pour aller non pas vers la grande ville, mais en bord de mer, sur la plus ancienne station balnéaire française, Dieppe, sur la sauvage Côte d'Albâtre. Chère à son cœur, la ville côtière, nichée entre des falaises de craie, offre, avec son joli port et sa plage de galets, un panorama incomparable, à qui l'astronaute rendra un bel hommage. Le samedi 21 août 2021, au cours de sa deuxième mission spatiale, Thomas Pesquet partage sur les réseaux sociaux une photo époustouflante de Dieppe, prise depuis la Station spatiale internationale. Le cliché est accompagné de ces quelques mots qui témoignent de son attachement à ce petit coin de paradis normand : « J'avais déjà photographié Dieppe en 2017, mais quand on aime on ne compte pas. J'y ai passé une bonne partie de mon adolescence, des années qu'on n'oublie pas… Et heureusement que les photos ne peuvent pas parler. J'avais des idées que je regrette maintenant, sur les coupes de cheveux notamment… »

Malgré des expériences capillaires aléatoires, Thomas garde de très bons souvenirs de sa période dieppoise. Et on le comprend ! Quand la météo ne se fait pas trop capricieuse, quel délice de se détendre sur la plage après les cours, de retrouver ses amis autour d'un verre devant le soleil couchant, au Pourville, un petit bar, chaleureux et familial, où Thomas y a ses habitudes. Toujours passionné de basket, même s'il commence à se faire à l'idée que ce n'est peut-être pas dans cette discipline qu'il pourra devenir champion, le jeune homme s'entraîne régulièrement à la Maison des sports. Et, bien sûr, le jeune garçon continue à exceller au lycée, où il s'oriente naturellement vers un bac scientifique. Son professeur de mathématiques Christophe Capelle se souvient : « Je garde le souvenir d'un élève d'un très bon niveau, très agréable en tant qu'élève. Je pense aussi bien pour son professeur que pour ses camarades, parce que, tout simplement, il était bon mais modeste. Ce n'est pas un élève qui se mettait en avant. » Un bon résumé de la personnalité de Thomas Pesquet : brillant, en toute simplicité…

2
L'élève brillant

Son baccalauréat scientifique mention bien – et non très bien comme on aurait pu le supposer ! – en poche, il est temps pour Thomas de lever l'ancre et de découvrir une nouvelle ville. Thomas a déjà compris que le travail ne lui faisait pas peur. Au contraire, c'est même l'une de ses principales qualités, relevées par tous ses professeurs : loin de se reposer sur ses acquis, le futur astronaute ne relâche jamais ses efforts, dans aucune discipline. Doté d'un esprit vif, rigoureux et logique, le jeune homme désire comprendre le monde qui l'entoure et s'oriente donc naturellement vers des études scientifiques, sans délaisser pour autant les autres matières. L'astronomie continue à fasciner le rêveur et se retrouve dans les posters accrochés sur les murs de sa chambre. Pour autant, qui oserait réellement s'imaginer devenir spationaute ? Le rêve semble réservé à tellement peu d'êtres humains sur la planète que le jeune Normand n'arrive pas à se voir à bord d'une vraie fusée. D'un tempérament réaliste, Thomas ne peut envisager sérieusement cette passion comme un véritable métier. Lors de son interview à Brut, Thomas Pesquet explique : « Ça m'intéressait, évidemment, le spatial. Mais je n'arrivais pas à m'identifier, en fait. Je ne voyais pas le lien entre ces gars qui allaient dans l'espace, qui me fascinaient, mais comment ça pouvait être moi ? Non, vraiment, je ne voyais pas le truc. » Légèrement moins ambitieux, Thomas veut tout de même parcourir le ciel. Depuis qu'il a vu le film d'action réalisé par Tony Scott, *Top Gun*, sorti en 1986, il est tombé éperdument fan de Tom Cruise et des avions… Il rêve désormais de devenir pilote. Même si ce n'est pas encore pour atteindre les étoiles, Thomas désire déjà voler. Des années plus tard, le mercredi 18 mai 2022, l'astronaute arpentera le célèbre tapis rouge du Festival de Cannes pour assister à la projection de la suite de son film fétiche, *Top Gun : Maverick* et rencontrer son idole de jeunesse. Alors même qu'il a passé deux fois six mois dans l'espace, Thomas Pesquet est tout petit face à la star. Il évoque à une journaliste de France Télévisions ce que Tom Cruise a pu représenter pour lui : « J'ai grandi comme tous les garçons de ma génération avec *Top Gun*. Il y en a plein qui sont devenus pilotes aujourd'hui, à cause de ça, grâce à ça. »

C'est dans la capitale normande, ville de sa naissance, que le jeune homme poursuit ses études en classe préparatoire, MPSI (mathématiques, physique et sciences de l'ingénieur) au sein du prestigieux lycée Pierre-Corneille, situé en plein cœur de Rouen. À quelques rues de la majestueuse cathédrale, Thomas peut se promener dans les rues piétonnes du centre-ville médiéval, admirer les façades des magnifiques maisons à colombages, s'arrêter dans l'une des nombreuses terrasses pour siroter un verre avec des amis, courir sur les quais de Seine… La somptueuse bâtisse du lycée Pierre-Corneille, classée aux monuments historiques, date du XVIe siècle. Au fil des siècles, de nombreuses célébrités sont passées sur ses bancs. De Pierre Corneille, dont le lycée porte le nom, à Guy de Maupassant, en passant par Gustave Flaubert, la littérature française doit beaucoup à cet établissement normand… D'autres personnalités comme l'acteur Jean Rochefort ou encore l'homme politique Jean-Luc Mélenchon en sont issus. À croire que le lycée porte chance ? En tout cas, lorsque Thomas Pesquet fait sa rentrée en 1996 à Corneille, il ne se doute absolument pas que son nom rejoindra celui de ses illustres prédécesseurs dans la mémoire de cet établissement, et bien plus largement, dans l'histoire.

Ses enseignants gardent un souvenir précis de ce jeune homme dont la personnalité singulière se détachait déjà. Son professeur de mathématiques, Olivier Décultot, évoque son ancien élève, au micro de Thomas Schonheere, pour l'émission diffusée sur France Bleu Nord, le 22 avril 2021 « De Rouen à Auffay, souvenirs et hommages avant le décollage de Thomas Pesquet pour l'ISS ». Olivier Décultot se souvient d'un élève qui n'était pas, contrairement à ce que l'on pourrait imaginer, premier de classe, mais remarquable dans sa constance et sa polyvalence. Il dresse le portrait d'un élève non exceptionnel dans une matière, mais plutôt très bon dans toutes… Et, selon lui, l'éclectisme et la persévérance sont les clés de la réussite de Thomas. Il explique : « Thomas Pesquet, il était à peu près septième, huitième, dans la classe, neuvième, peut-être dans la classe de MPSI. On pourrait se dire que ce n'est pas beaucoup, mais en réalité ce sont surtout les matières annexes qui, avec le temps, ont donné une si belle carrière. Pour faire un très bon ingénieur aujourd'hui, bien sûr qu'au départ il faut des sciences, mais après il faudra des capacités humaines, des capacités dans les matières littéraires, il faudra converser dans au moins deux langues étrangères, et c'est ça qui fait la réussite professionnelle d'un élève qui rentre en classe préparatoire et qui deviendra un jour un ingénieur. Il faut absolument arriver à être bon dans toutes les matières. »

Alors qu'il n'est même pas encore majeur, Thomas semble démentir le poète Arthur Rimbaud qui disait qu'« on n'est pas sérieux quand on a dix-sept ans ». L'exigence très forte attendue en classe préparatoire n'est pas tous les jours facile pour l'adolescent. Néanmoins, il parvient sans difficulté à suivre le rythme en s'imposant chaque jour un travail intense et régulier. Car, au-delà de ses compétences scolaires et de sa curiosité tous azimuts, Thomas a déjà une personnalité à la fois très forte tout en étant extrêmement souple. C'est tout le paradoxe et la force de ce personnage hors du commun. L'étudiant supporte particulièrement bien la pression et le stress, sans jamais sombrer dans la tristesse, l'angoisse ou la colère. Parfaitement maître de ses émotions, Thomas Pesquet a déjà un mental d'acier. On pourrait alors imaginer un jeune homme extrêmement studieux et donc très solitaire. Pas du tout ! Il parvient à concilier cette exigence très forte qu'il a envers lui-même avec une vie sociale riche et joyeuse. En un mot, Thomas réussit tout ce qu'il fait… Voilà de quoi susciter l'agacement de ses camarades ! Mais son tempérament toujours jovial, simple et agréable avec les autres le rend éminemment sympathique et fait taire toute jalousie. Compétitif, sans être arrogant, Thomas est stimulé par les défis. Le jeune homme désire réaliser ses objectifs, mais sans jamais écraser les autres. C'est avant tout contre lui-même qu'il se bat. Il a déjà compris que pour aller très haut, il faut coopérer avec les autres. Sa pratique sportive, intense et régulière, depuis l'enfance, a sans doute contribué à forger cet esprit résolument positif. Dans les différents clubs qu'il a fréquentés, Thomas s'est imprégné de valeurs fortes et précieuses, comme l'esprit d'équipe, l'entraide, la confiance en soi et la capacité à accorder sa confiance aux autres, dont il n'aura de cesse de vanter les mérites. Ces qualités humaines sont ô combien indispensables pour la vie extraordinaire qui l'attend…

Mais, en 1996, le futur astronaute a encore les pieds bien sur Terre. Son ambition, mêlée à une grande humilité, sa capacité à rester toujours serein malgré les difficultés, cette force de caractère sont déjà remarquées par son professeur : « Ses capacités étaient très transversales. Mais il avait surtout une très grande maîtrise de lui-même. Beaucoup de sérénité, beaucoup de calme… Pour faire une carrière comme celle qu'il est en train de réussir, les sciences ne suffisent pas. Il faut bien sûr des qualités humaines, psychologiques, physiques, etc. Trouver une adéquation parfaite entre toutes ces qualités est quelque chose de très rare. » Mais nul doute que Thomas est une perle rare…

Après ces deux brillantes années en prépa à Rouen, il est temps pour notre aventurier de s'envoler vers de nouveaux horizons. L'enfant du pays cauchois quitte sa chère Normandie natale pour découvrir une nouvelle région, nettement plus ensoleillée, et amorcer une nouvelle page de sa vie, une première étape vers son extraordinaire carrière. C'est dans la Ville rose que Thomas Pesquet pose ses valises pour suivre ses études dans la plus grande école d'ingénieurs aéronautiques, l'Institut supérieur de l'aéronautique et de l'espace, ISAE-SUPAERO. Fidèle à son rêve de gamin, le jeune homme désire toujours devenir pilote. Pour se rapprocher de cette ambition, quoi de mieux que de devenir ingénieur en aéronautique. Consciencieux et réfléchi, Thomas construit sa vie professionnelle étape par étape, en réalisant un objectif après l'autre, sans savoir encore jusqu'où elle va le mener. L'astronaute affirme qu'à l'époque, il n'osait pas encore caresser le rêve d'aller dans l'espace. Pour autant, SUPAERO reste l'une des meilleures formations pour espérer le devenir… En effet, la prestigieuse école d'ingénieurs aéronautiques a déjà formé plusieurs astronautes de l'Agence spatiale européenne, les Italiens Luca Parminato et Samantha Cristoforetti, ainsi que le Français Jean-François Clervoy. Pour visiter les cieux, l'ISAE-SUPAERO semble une bonne étoile.

Une chose est sûre, la vie toulousaine est une découverte heureuse pour le jeune adulte ! S'il reste très attaché aux vertes plaines normandes, Thomas se familiarise très vite avec son nouvel environnement. Il savoure la qualité de vie du Sud-Ouest : sa météo bien plus clémente, sa gastronomie généreuse, sans oublier son emblème régional : le rugby. Toujours aussi curieux et sportif, il ne tarde pas à se passionner pour le ballon ovale, qu'il ira même jusqu'à emporter avec lui dans l'ISS ! Comme pour le judo, le basket, et plus généralement tout ce qu'il entreprend, Thomas Pesquet fait les choses à fond : il s'entraîne régulièrement, fréquente assidûment le célèbre stade toulousain, et devient l'un des plus grands supporters de l'équipe toulousaine. Mais Thomas ne s'arrête pas au rugby. Même si l'emploi du temps à SUPAERO est déjà bien chargé, l'étudiant poursuit sa quête de nouveautés et de sensations. Grâce notamment à l'association sportive de l'école, Thomas découvre le frisson du saut en parachute et touche son rêve de plus près en suivant des cours de pilotage… L'astronaute évoquera ces années comme les plus belles de sa vie. Le goût de la liberté et de ses 20 ans, bien sûr, mais aussi l'apprentissage de l'amitié, les véritables, solides, qui se poursuivront de longues années ainsi que des expériences aussi riches que formatrices. Son tempérament très ouvert le pousse à tenter toujours de nouvelles aventures. Au cours de ses années de formation, le jeune homme impétueux s'essaie au rugby, d'une part, d'autre part au saut en parachute, à l'alpinisme, à la plongée et découvre l'exaltation des voyages... Au sein de son école d'ingénieurs, des stages à l'étranger sont organisés. Thomas prend, pour la première fois, son envol en avion et traverse l'Atlantique. Direction le Mexique, et l'année suivante, le Canada. Jeune et fougueux, Thomas s'ouvre au monde avec délectation.

Pour assouvir son insatiable soif de découverte, le jeune homme s'ouvre à tout ce qui s'offre à lui. Il désire tout connaître, tout comprendre, tout expérimenter. Aucune peur ne le paralyse ou le freine. Son esprit rationnel et raisonnable lui permet de vivre des expériences riches et uniques sans toutefois prendre de risques inconsidérés. Lors d'une interview effectuée par France 3, Thomas revient sur ses années étudiantes à Toulouse, qui sont restées gravées dans sa mémoire. Devenu depuis parrain de l'école, l'ancien élève éprouve une grande reconnaissance pour l'enseignement qu'il a reçu à l'ISAE-SUPAERO ainsi que pour toutes les expériences qu'il a pu vivre au cours de ses trois années d'études. Même après sa première mission dans l'espace – aventure on ne peut plus exceptionnelle –, ses meilleurs souvenirs se logent dans la Ville rose. Comme le chantait Nougaro, « Ô Toulouse… » Il raconte au journaliste : « C'étaient des super années parce que c'est énormément d'ouvertures. On rencontre des gens de partout, des horizons différents, on voyage. Moi je suis allé au Mexique, je suis allé en troisième année au Canada, des choses comme ça. Scientifiquement, c'est intéressant. Puis, je me suis ouvert à beaucoup de domaines, la plongée, le pilotage, le parachutisme, des choses que je n'aurais peut-être jamais faites si je n'en avais pas eu l'occasion à SUPAERO. »

Comme à chacun de ses passages dans une institution scolaire, Thomas Pesquet ne laisse personne indifférent à l'ISAE-SUPAERO. Tout en humilité, il ne se considère pas comme l'un des meilleurs élèves, et ce n'est pas le souvenir qu'en gardent ses professeurs. L'un de ses enseignants en aérodynamique se souvient surtout de son « calme olympien » et l'imagine très bien se sortir d'une situation périlleuse. Stéphanie Lizy-Destrez, une ancienne élève de l'ISAE-SUPAERO, à la même époque que Thomas Pesquet, aujourd'hui enseignante-chercheuse dans cette même école, évoque ses souvenirs au journaliste Christophe Neidhardt pour France Info, le 22 avril 2021 : « C'était un étudiant très humain. Il a participé à beaucoup d'activités sur les campus et s'est engagé dans et pour l'école. » Quand on lui demande si Thomas avait déjà la tête dans les étoiles, l'enseignante répond : « On ne devient pas astronaute par hasard. Ils ont tous construit une carrière et un projet très précis. Il y pensait sûrement. »

Thomas Pesquet avait-il déjà l'ambition secrète de marcher dans les pas de ses illustres prédécesseurs et de devenir astronaute ? Peut-être, tout au fond de lui, ce rêve émergeait. Si tel est le cas, l'étudiant ne le claironnait pas sur tous les toits. Thomas ne pouvait sans doute pas s'avouer à lui-même, et encore moins aux autres, ce rêve ultime, absolu, inaccessible. La sélection pour côtoyer les étoiles est si rude que le jeune homme craignait sans doute de trop lourdes désillusions. Il a peut-être jalousement gardé son rêve au chaud dans son cœur.

Comme à son habitude, Thomas réussit brillamment son parcours au sein de l'Institut supérieur d'aéronautique et de l'espace et obtient son diplôme d'ingénieur aéronautique spécialité Conception et contrôle des satellites à l'âge de 23 ans, en 2001, après une année de master à l'École polytechnique de Montréal, dans le cadre d'un programme d'échange d'étudiants, et un dernier stage de six mois, sous le soleil de Cannes, chez Thales Alenia Space, où il développe un outil de conception de système satellitaire. Désormais ingénieur en aéronautique, il est temps pour Thomas de voler de ses propres ailes, même si ce n'est pas encore à bord d'un avion, et de découvrir une nouvelle ville…

3
Avant l'espace, le ciel

C'est dans la capitale espagnole, à Madrid, que le futur astronaute commence sa carrière. Très spécialisé, l'ingénieur compétent et talentueux décroche sans difficulté un premier emploi au sein de l'entreprise GMV Innovating Solutions. Ingénieur en dynamique des satellites, il est chargé de missions de télédétection, c'est-à-dire de déterminer à distance les propriétés d'un objet grâce aux rayonnements qu'il émet ou réfléchit. Ce premier job est intéressant et l'aventure madrilène fort agréable. Néanmoins, l'impétueux jeune homme se lasse vite et ressent le besoin de se lancer de nouveaux défis. A-t-il déjà le mal du pays ?

En tout cas, en 2002, un an seulement après l'obtention de son diplôme, Thomas Pesquet est de retour sur les terres toulousaines. S'il est revenu, ce n'est pas uniquement par nostalgie pour la Ville rose. L'ingénieur ambitieux intègre le prestigieux Centre national d'études spatiales et se rapproche un peu plus des étoiles…

Le CNES est un établissement public français fondé le 19 décembre 1961 dont l'un des objectifs est de faire de la France une grande puissance capable de concurrencer les deux géants que sont les États-Unis et l'URSS. En pleine guerre froide, la conquête de l'espace est un enjeu majeur entre les deux blocs. La France, sous l'égide du général de Gaulle, souhaite défendre son autonomie et sa propre voix. Le budget consacré à la recherche spatiale permettra à la France de se doter d'une industrie spatiale performante. Le CNES jouera, par la suite, un rôle déterminant dans la création de l'Agence spatiale européenne, l'ASE. Aujourd'hui, le CNES travaille en étroite collaboration avec l'ASE dans cinq principaux domaines que sont l'accès à l'espace avec des lanceurs, la Terre, l'environnement et le climat, les applications au grand public, la science et l'innovation et, enfin, la sécurité et la défense. Thomas Pesquet est engagé en tant qu'ingénieur de recherche sur l'autonomie des missions spatiales et travaille également sur l'harmonisation des technologies spatiales en Europe. Il est également l'un des représentants du Comité consultatif pour les systèmes de données spatiales (CCSDS), au sein duquel ses compétences et ses qualités humaines lui permettent de travailler sur la collaboration et le soutien mutuel entre les agences spatiales. Un programme bien chargé et très ambitieux à la hauteur des capacités du jeune prodige…

À Toulouse, sa ville d'adoption, qu'il chérit particulièrement, Thomas retrouve vite ses marques. Ainsi que ses nombreux amis avec qui il essuie à nouveau les bancs du stade Ernest-Wallon pour encourager l'équipe de rugby, quand il n'est pas lui-même sur le terrain, fait du saut en parachute, de la plongée sous-marine, du parapente… Toutes les excursions sont une source d'excitation et de joie pour cet hyperactif. Selon Thomas, le repos est du temps perdu. Désormais ceinture noire de judo, le sportif continue d'entretenir sa forme physique et de découvrir de nouvelles pratiques. Parmi ses multiples activités, un hobby lui tient particulièrement à cœur. Et, pour cause, il aimerait un jour en faire son métier. Au cours de ses années étudiantes à Toulouse, Pesquet s'était formé au pilotage afin de tutoyer le ciel. Désormais, il vole régulièrement au-dessus de la Haute-Garonne. Et devient un pilote privé chevronné. Mais son ambition est plus grande. Alors, en 2004, Thomas passe la vitesse supérieure. Ce compétiteur né tente sa chance au concours des pilotes cadets d'Air France. Comme à son habitude, il fait partie des candidats sélectionnés. Thomas Pesquet décide alors de changer de cap et d'orientation professionnelle. Direction le nord de la France pour une formation de pilote de ligne.

Le futur astronaute quitte ses habits d'ingénieur pour réaliser son rêve : devenir pilote. Après six mois de formation théorique dans un cadre somptueux, au château de la Motte-au-Bois, c'est à l'IAAG, l'Institut aéronautique Amaury de la Grange, basée à Morbecque, que Thomas apprend à manier les énormes bolides… Quatorze mois de formation pour maîtriser à la perfection le pilotage d'un avion de ligne. L'un de ses instructeurs, Sébastien Hugault, confie au journal *L'Écho de la Lys*, dans un article paru le 23 avril 2021, ses impressions sur son ancien élève : « il a été, comme toujours, quelqu'un qui ne faisait pas de vague, compétent ». À la fin de l'année 2005, l'élève Thomas Pesquet obtient le précieux sésame : sa licence de pilote de ligne. Le ciel est désormais à sa portée !

« Madame, Monsieur, bonjour. Ici, Thomas Pesquet, votre commandant de bord. Toute l'équipe d'Air France est heureuse de vous accueillir à bord de cet Airbus A320 à destination de Berlin. La durée du vol est estimée à une heure quarante. Il fait actuellement 16 degrés à Berlin. Nous vous souhaitons un excellent vol. »

On imagine l'émotion intense qu'a dû ressentir Thomas la première fois qu'il a prononcé une annonce à son équipage, à bord d'un avion de ligne. Lui, le petit garçon qui rêvait des étoiles, dans sa fusée en carton, puis du ciel, devant le film *Top Gun*, et qui est monté dans un avion pour la première fois à l'âge de 20 ans, est désormais aux commandes d'un Airbus

A320, ou de ses petits frères l'Airbus A318 ou A319, avec plus de 150 passagers sous sa responsabilité. À 28 ans, Thomas Pesquet est un homme heureux. Très épanoui, il savoure sa nouvelle vie de pilote de ligne chez Air France, qui lui permet d'assouvir de nombreuses passions, l'utilisation de ses compétences techniques, le voyage avec la découverte perpétuelle de nouvelles contrées, de nouveaux paysages, d'autres cultures et, bien sûr, l'immense joie d'observer le monde d'en haut… Même si, bientôt, il souhaitera aller encore plus haut.

Des années plus tard, Thomas Pesquet est l'invité d'une émission diffusée sur la plateforme de streaming Twitch, « JumpSeat », produite par *Aérobuzz*, un magazine indépendant d'informations spécialisées sur l'aéronautique. Celui qui est, depuis, devenu également astronaute, prodigue ses précieux conseils à tous les aspirants pilotes. Il explique : « il faut être proactif, c'est un métier passion ». Nul doute que Thomas n'est pas homme à se reposer sur ses lauriers. Et sa carrière professionnelle en est l'illustration ultime. Celui qui est resté fidèle à sa passion, même après avoir voyagé dans l'espace, ajoute, avec fougue et toute la conviction qui l'anime : « C'est un métier d'avenir, car l'avion permet de rapprocher les gens, de faire en sorte que le monde soit meilleur. C'est une carrière qui met des étoiles dans les yeux des gens, je n'ai jamais rencontré de pilote qui ait regretté son choix. La carrière de pilote m'a apporté énormément, j'ai vraiment adoré ce style de vie, ce mélange de technique, de voyage et d'humain. » Comme toujours lorsqu'il s'adresse à des jeunes, la star de l'espace française se montre très encourageante : « Oui, ça peut faire un peu peur, car il est difficile de se projeter, mais c'est comme ça qu'on réussit sa carrière professionnelle, ce n'est pas en essayant de se ménager. » Ce n'est certainement pas le défaut de Thomas, qui ajoute, les yeux pétillants : « Donc lancez-vous, faites de votre mieux et suivez votre rêve ! C'est comme ça que je suis devenu heureux professionnellement et c'est comme ça que vous le serez »

Avec plus de 2 300 heures sur des vols commerciaux, Thomas Pesquet franchit une étape et devient, à son tour, instructeur sur A320. La transmission est déjà inscrite dans la personnalité du pilote de ligne, et ne fera que grandir au fil du temps et de ses extraordinaires expériences. Depuis toujours, et à une échelle exceptionnelle plus tard, l'homme du ciel se sent le devoir de transmettre et de partager avec le plus grand monde ses connaissances, ses découvertes, ses immenses joies, mais aussi ses craintes. Ainsi, sa conscience écologique va se développer très intensément lorsqu'il sera sur l'ISS, et Thomas Pesquet éprouvera le besoin de faire connaître à toute l'humanité les réels dangers qui menacent notre planète, ainsi que les motifs d'espoir. Aussi et surtout, il essaiera de nous faire comprendre que nous sommes tous sur le même bateau, et qu'il faut en prendre soin.

À l'approche de la trentaine, Thomas est en perpétuel mouvement. Grâce à son nouveau métier, il vogue d'un aéroport à l'autre, d'un continent à l'autre et, dans son temps libre, d'une activité à une autre… Le saxophone, qu'il a étudié au conservatoire, est toujours son précieux compagnon, il continue le judo, une pratique qu'il juge presque vitale tant elle lui a apporté, et s'essaie toujours à de multiples activités sportives, au gré de ses désirs et de ses découvertes. Il accumule les licences, en parachutisme ou en plongée sous-marine, activité qu'il affectionne particulièrement. Thomas a une insatiable soif d'appréhender son environnement dans toutes ses composantes et sous tous ses aspects… Si le pilote de ligne court sans cesse d'une activité à une autre et qu'il peut donner le sentiment de se lasser assez vite, dans sa vie affective et sentimentale, il se démarque, au contraire, par une grande fidélité. Ses amis le suivent depuis toujours, certains depuis l'école d'ingénieurs de Toulouse, certains depuis sa prépa à Rouen, et d'autres encore, depuis ses années lycée à Dieppe. Son réseau social s'est ensuite considérablement élargi à mesure qu'il a poussé les murs et franchi les frontières. Comme tout grand voyageur, Pesquet sème des amis aux quatre coins du monde.

Sentimentalement, Thomas est aussi discret que fidèle. Dans ses multiples interviews, il n'évoquera qu'une seule et unique femme, Anne Mottet, compagne de toujours, rencontrée au cours de ses études, et avec qui il aura une relation forte tout en étant à grande distance… Comme Thomas, Anne est une scientifique talentueuse et ambitieuse. Née la même année que son compagnon, en 1978, elle a, elle aussi, un excellent parcours scolaire et mène une brillante carrière. Scolarisée au lycée Hoche à Versailles, Anne obtient un bac scientifique, puis poursuit ses études supérieures à l'Institut national agronomique de Paris, jusqu'en 2002, où elle décroche son Master of Science, avant de s'envoler, elle aussi, pour la Ville rose. Au cours de sa formation, elle étudie aussi à l'étranger, six mois à l'université de Melbourne, et six autres mois à l'Instituto de Ecologia à Veracruz, au Mexique. En 2005, Anne Mottet obtient son diplôme d'ingénieur à l'institut national polytechnique de Toulouse. Passionnée par son domaine d'expertise et de recherche, la jeune femme soutient sa thèse « Le phénomène d'abandon des terres agricoles en montagne » à l'INRA, l'Institut national de la recherche agronomique. Anne commence ensuite sa carrière professionnelle en tant qu'économiste spécialisée dans l'élevage à l'Institut de l'élevage, avant de rejoindre l'Italie en 2012, où elle sera embauchée par la FAO, l'Organisation des Nations unies pour l'alimentation et l'agriculture. Un emploi du temps de ministre, aussi chargé que celui de son illustre compagnon !

Anne et Thomas n'ont pas qu'une vie professionnelle très active en commun, ils partagent la passion du sport, notamment de l'alpinisme, du voyage, et surtout le goût de l'aventure et des expériences uniques. Dès qu'ils ont l'occasion de se voir, les amoureux n'en profitent pas pour se reposer de leur vie extrêmement intense, mais, au contraire, gravissent des montagnes ensemble…

Après trois belles années à parcourir le monde, le pilote commence déjà à tourner en rond… S'il adore toujours autant son métier, Thomas a besoin de ressentir de nouveau l'exaltation de la découverte, le frisson de l'aventure, le dépassement de nouvelles limites. Alors, à bord de son Airbus, assis à son poste de commandement, Pesquet regarde à travers le hublot l'immensité du ciel et se prend à rêver. Et s'il allait encore plus haut ?

4

Et soudain, le rêve… Toujours plus haut…

Ce 10 avril 2008 au matin, Thomas Pesquet a bien fait de s'octroyer quelques minutes de repos en se laissant porter par les flots d'informations du Web… Alors qu'il rêvasse sur le site de l'Agence spatiale européenne, afin de se tenir informé des dernières actualités dans le domaine de l'astronomie, il n'a encore aucune idée du bouleversement à venir.

D'ici à quelques minutes, ses pensées toutes entières seront dirigées vers une seule chose, un petit point dans le ciel, bien plus haut que tout ce qu'il avait imaginé… Thomas ne sait pas encore qu'il est sur le point de s'engager dans le plus grand défi de sa vie, celui qui va lui permettre de réaliser son rêve ultime. Et d'en créer de nouveaux, tous plus extraordinaires les uns que les autres, pour lui et pour l'humanité tout entière.

Sur le site de l'Agence spatiale européenne, l'ESA, une annonce singulière retient immédiatement l'attention du pilote aguerri :

« N°21- 2008 : L'ESA recrute de nouveaux astronautes européens. »

Quelques mots qui font chavirer le cœur du pilote de 30 ans et réveillent instantanément le petit garçon qui rêvait dans sa fusée de carton. Thomas retient son souffle et poursuit sa lecture :

« Des astronautes européens travaillant désormais dans le laboratoire Columbus à bord de la Station spatiale internationale (ISS) et le nouveau véhicule ravitailleur ATV de l'ESA ayant fait sa première livraison à l'ISS, les activités européennes de vols habités entrent dans une ère nouvelle. Le temps est venu pour l'ESA de rechercher de nouveaux talents afin d'étoffer son corps d'astronautes en vue des futures missions avec équipage à destination de l'ISS, de la Lune et au-delà. »

Ces quelques lignes, qui nous semblent, à nous, simples mortels, sorties tout droit d'un film de science-fiction, sont pourtant bien réelles. Et Thomas ne s'y trompe pas. S'il y a bien une offre d'emploi à laquelle Thomas désire postuler, c'est bien celle-ci. Quelques années plus tôt, le jeune homme n'osait pas s'aventurer bien loin dans ses fantasmes sur un rêve aussi inaccessible. Désormais, il semble avoir toutes les compétences nécessaires pour le poste :

« Pour l'aspirant astronaute européen, le profil idéal serait de posséder des compétences dans des domaines tels que les sciences de la vie, la physique, la chimie, la médecine, l'ingénierie ou le pilotage et de pouvoir faire état de capacités hors pair dans le domaine de la recherche, des applications ou de l'enseignement, de préférence doublées d'aptitudes opérationnelles. Tous les candidats auront en outre de bonnes capacités de raisonnement, de mémorisation, de concentration et d'orientation dans l'espace ainsi que de la dextérité manuelle. » Ces précisions sont soulignées par Gerhard Thiele, ancien astronaute et chef de la division Astronautes européens.

Thomas coche déjà de nombreuses cases : ingénieur, pilote, une activité physique soutenue et de grandes capacités cognitives… La polyvalence remarquée par ses professeurs tout au long de son parcours scolaire ainsi que ses innombrables activités sportives en font un candidat tout à fait sérieux.

L'annonce sur le site de l'ESA précise ensuite : « Les postulants devront parler anglais couramment (le russe serait également un atout), et il se dégagera de leur personnalité une forte motivation, de la souplesse, une empathie naturelle, l'esprit d'équipe et l'équilibre émotionnel. »

Si Thomas ne parle pas russe, pour le reste, il semble avoir le profil idéal. En effet, le pilote de ligne a déjà démontré son sens du travail et de l'effort, sa motivation dans tout ce qu'il entreprend, sa capacité à se dépasser sans jamais écraser les autres, son calme en toutes circonstances, et son aisance à créer du lien. Autant de dispositions pour postuler à cette annonce sortie tout droit du cosmos… Comme si depuis toujours, sans même en avoir réellement conscience, Thomas Pesquet se préparait à cette étape de sa vie, à, peut-être, rejoindre les étoiles.

Mais si l'ingénieur pilote a le profil parfait pour le poste, rien ne le prédestinait à cette candidature ! Car ce type d'annonce de recrutement ne se produit pas tous les quatre matins. Bien au contraire : l'Agence spatiale européenne recrute de nouveaux astronautes tous les quinze ans environ ! La première campagne de recrutement a eu lieu en 1978, et la seconde en 1992. Autant dire qu'il ne faut pas rater sa chance. Cette campagne de recrutement en 2009 n'intervient pas par hasard. Elle est le fruit d'une longue histoire et d'un investissement important de l'Agence spatiale européenne pour développer ses missions spatiales habitées à bord de la Station spatiale internationale. Forte de ses 22 États et dotée de plus de 7 milliards d'euros, l'ESA, née en 1975, est désormais, grâce à son budget considérable, la troisième agence spatiale mondiale derrière la NASA et l'Administration nationale chinoise. Pour autant, ce n'est qu'en 2006 qu'un premier astronaute européen, l'Allemand Thomas Reiter, fait partie d'un équipage sur l'ISS. Deux ans plus tard, l'agence européenne montre que sa technologie de pointe est à même de rivaliser avec celle du cousin américain. Elle parvient à envoyer le tout premier cargo européen, l'ATV Jules Vernes, sur l'ISS. Capable de s'amarrer automatiquement, le vaisseau de ravitaillement peut transporter 7,7 tonnes de fret. Cette même année, l'ESA effectue une autre prouesse significative en lançant le premier et unique module européen sur la station spatiale. Le laboratoire Columbus, un module pressurisé, conçu en Italie, est un centre de recherche scientifique dans de nombreux domaines comme les sciences de la vie, la physique des fluides, la physique fondamentale et qui permet à l'Agence spatiale européenne de s'imposer comme un acteur majeur de l'ISS et de disposer de 6 à 7 % de ses ressources et équipements. Les astronautes européens auront pour mission d'effectuer de nombreuses recherches au sein de ce laboratoire spatial. C'est dans cette perspective que l'Agence spatiale européenne envisage sa troisième campagne de recrutement d'astronautes. Pour affirmer son ambition spatiale, elle doit à la fois rajeunir son corps d'astronautes et en augmenter l'effectif.

L'Europe entend s'inscrire durablement dans l'aventure spatiale, sur l'ISS et au-delà. Daniel Sacotte, le directeur Vols habités, Microgravité et Exploration à l'ESA, rappelle l'histoire européenne dans les grandes découvertes : « L'Europe a un long passé dans le domaine de l'exploration, qui remonte à Christophe Colomb et bien avant. Il est logique qu'après avoir exploré la Terre, l'homme se tourne vers l'espace – il faut donc une nouvelle génération d'explorateurs qui suive les traces de cet illustre prédécesseur et parte à la découverte de nouveaux mondes. Je me réjouis à l'idée que le corps des astronautes européens accueillera au début de 2009 les nouvelles recrues hommes et femmes auxquelles seront confiées les missions vers l'ISS et vers des destinations plus lointaines. »

Pour Thomas Pesquet, il semble que les étoiles sont alignées… L'ingénieur devenu pilote n'hésite pas longtemps avant de se décider à entamer le processus de sélection extrêmement exigeant et redoutablement élitiste. Seuls les meilleurs parmi les meilleurs auront la chance d'espérer un jour monter à bord d'une fusée… Sur les 8 143 candidats postulant à la première phase de sélection en déposant un dossier de candidature en ligne, seulement un petit millier aura la chance de passer les épreuves, et six personnes obtiendront finalement le précieux sésame pour devenir astronaute. Autant dire que le chemin est long et loin d'être assuré.

Mais Thomas n'est pas homme à se décourager facilement. Toute sa vie, il a su mobiliser son énergie pour la réalisation d'un objectif, sans se laisser distraire par quoi que ce soit, ni se démotiver. Et cet objectif est sans aucun doute le plus merveilleux de sa courte carrière.

Heureux élu parmi les 8 000 candidatures en ligne, Thomas se prépare intensément à passer les épreuves éliminatoires. Une multitude de tests cognitifs, techniques et de personnalité pour déterminer ses aptitudes professionnelles et psychologiques, sans oublier les inévitables tests médicaux. Un véritable parcours du combattant qui ne fait que commencer. Fort heureusement, les historiques « tests de torture » comme les tests physiologiques, dans la centrifugeuse, sur une table basculante ou un tabouret tournant, redoutés par tous les anciens candidats, n'ont plus cours... Moins traumatisants, des examens médicaux extrêmement approfondis permettent de savoir si un candidat sera apte ou non à être astronaute. Jean-François Clervoy, membre du jury qui a sélectionné Thomas Pesquet, revient dans un article pour *Sciences et Avenir*, du 16 avril 2016, sur les exigences attendues lors de ce fameux processus de sélection. S'il fait partie du jury, ce n'est pas pour rien. À son actif, l'astronaute totalise 675 heures dans l'espace... Comme son jeune successeur, Jean-François Clervoy est un ingénieur devenu ensuite astronaute. Il a participé à trois missions dans l'espace avec la NASA, deux vols à bord de la navette Atlantis et un dernier sur Discovery. Le vétéran du ciel évoque ces fameux « tests de torture » qui n'ont plus cours aujourd'hui : « Même si c'était rigolo, ils ne sont plus utilisés. Parce qu'on a désormais une expertise médicale qui permet de déterminer si le candidat tiendra le coup. » L'humour des astronautes est un mystère non élucidé... Jean-François Clervoy explique comment se déroule le processus de sélection : « La sélection s'étale sur un an. Lors de la première étape, on identifie simplement ceux qui n'ont pas la place dans ce métier. » Simple, net et radical.

Pour Thomas Pesquet, il est temps de voir s'il fait partie de ces heureux élus… Mais pas encore de le crier sur tous les toits. Seuls quelques rares proches sont dans le secret. Sa compagne, Anne, est bien sûr dans la confidence. Mais pas ses parents. Il est encore trop tôt pour annoncer à sa famille sa candidature au métier d'astronaute. A-t-il une once de superstition et peur de se porter la poisse en ébruitant autour de lui son secret ? Ou, plus simplement, souhaite-t-il se protéger d'une éventuelle – et probable – déception ? Peut-être encore considère-t-il qu'il ne soit pas nécessaire d'inquiéter si tôt ses parents alors même que la folle aventure est loin d'être sûre… Dans la très belle émission « Les Rencontres du Papotin », diffusée le 24 juin 2023 sur France 2, Thomas Pesquet se livre avec une grande sincérité et beaucoup d'humanité. Il répond aux questions parfois intimes et déroutantes, posées par des personnes non journalistes et porteuses d'un trouble du spectre autistique. Il revient notamment sur la réaction de sa famille lorsqu'il lui a annoncé qu'il allait devenir astronaute. Si ce métier fait rêver des millions de personnes dans le monde, pour les parents, ce n'est pas aussi simple d'imaginer son enfant s'envoler à bord d'une fusée dans l'espace… Thomas explique : « Pour la famille, ce n'est pas super. Ma mère, elle a eu très peur. Ma mère est très protectrice, elle s'inquiète beaucoup pour ses enfants, comme beaucoup de mamans. Avant j'étais ingénieur, ça elle aimait bien, parce que ce n'est pas trop dangereux. Après, je lui ai annoncé que j'allais devenir pilote, ça elle n'aimait pas. Elle n'aimait pas trop. Elle me disait de ne pas piloter trop vite. Ce qui est marrant parce qu'il n'y a pas vraiment de limitation de vitesse sur les avions, mais, en fait, elle me disait de faire attention. Quand je lui ai dit que je suis devenu astronaute, ça l'a beaucoup inquiétée. » On l'imagine volontiers…

C'est en Allemagne, à Hambourg, que les aspirants astronautes de toute l'Europe sont conviés à se défier pour une première série de tests psychotechniques. Mathématiques, logique, mémoire, rapidité d'exécution, tous ces paramètres sont étudiés dans une série de tests individuels, où la pression est à son apogée. L'endurance, la résistance au stress, la capacité de concentration font partie des compétences évaluées. En effet, les tests durent trois minutes et s'enchaînent toute la journée. Il ne faut pas défaillir et faire preuve d'endurance. D'autant que les tests paraissent plus redoutables les uns que les autres… Après du calcul mental de haute volée, il faut parvenir à retenir une liste de chiffres dont on ne sait pas quand elle prend fin et la retranscrire sur le clavier dès que la voix s'arrête, à l'envers ! Autant dire que nous serions nombreux à échouer… Dans une autre épreuve, les candidats doivent mémoriser six cadrans avec une jauge distincte dont certains ont un fond blanc et d'autres un fond noir, pendant une minute, puis donner le chiffre indiqué uniquement sur ceux qui ont, par exemple, un fond blanc. Un autre exercice très redouté est celui du cube vectoriel. Les candidats découvrent un cube qui s'affiche sur l'écran en 3D, avec une croix rouge sur l'une des faces. Ils doivent ensuite, sans aucun support, imaginer le déplacement du cube dans l'espace pour suivre les indications de la consigne « à droite, à gauche, en arrière, en avant, etc. » et indiquer sur quelle face se trouve la croix rouge.

Cette série de tests est aussi difficile qu'exténuante. Cognitivement, elle demande une concentration extrême, sans se laisser distraire ni par la fatigue ni par le stress. Les résultats de ces épreuves ne pardonnent pas. Pour reprendre les mots de Jean-François Clervoy, seuls 182 candidats ont potentiellement leur « place dans ce métier ». Mais la sélection est loin d'être terminée…

La seconde phase est celle des tests psychologiques. Aussi crainte qu'essentielle, elle permet aux membres du jury d'observer le comportement des candidats dans des situations complexes, comment ils réagissent face à l'imprévu, parviennent à collaborer pour trouver des solutions. La souplesse, l'adaptation, mais aussi le tempérament, le caractère, le besoin ou non de se mettre en avant, l'aptitude à être diplomate, la sérénité sont autant de compétences humaines indispensables pour vivre à huis clos au sein de la Station spatiale internationale. L'astronaute Jean-François Clervoy, membre du jury de la sélection 2008, revient dans les colonnes de *Sciences et Avenir* sur cette deuxième étape déterminante. Il explique, avec son franc-parler, que cette seconde phase permet de « prendre les meilleurs ». Pour ces tests psychologiques, dont certains sont en groupe et d'autres individuels, deux psychologues, un directeur des ressources humaines et un astronaute sont présents. L'astronaute explique que « ce qui compte, c'est la résistance au stress du candidat sur des questions délicates ». Et pour imaginer des situations complexes et redoutables, on peut compter sur lui… Il se souvient des questions qu'il avait posées au candidat normand : « J'avais inventé trois scénarios différents. À Thomas Pesquet, je lui avais demandé : “Vous faites une sortie extravéhiculaire, c'est la fin de la sortie et vous avez subitement une fuite d'oxygène. Selon la procédure, vous devez rentrer dans le sas, mais votre collègue vous appelle ; il est emmêlé dans des câbles et si quelqu'un ne vient pas l'aider, il ne pourra pas s'en sortir. Qu'est-ce que vous faites ?” » La réponse « je panique » n'est évidemment pas celle que Thomas a donnée à l'astronaute…

Ce scénario – ô combien terrifiant – est intéressant, car il met le candidat dans une situation très complexe avec un choix cornélien à faire et donc une prise de décision qui doit être rapide et réfléchie. L'astronaute aguerri explique que ce n'est pas tant la bonne réponse du candidat qui est évaluée, mais sa réaction face à un tel dilemme : « Il n'y a pas vraiment de réponse meilleure qu'une autre, mais il y a des façons de raisonner.

On voit si la personne est tout de suite à l'aise ou stresse face à cette question. » On se demande comment il est humainement possible d'être tout de suite à l'aise face à cette épineuse question, mais, apparemment, certaines personnes comme Thomas Pesquet le sont ! Fort de sa grande expérience dans l'espace, Jean-François Clervoy nous apprend qu'« un astronaute doit se focaliser tout de suite sur la solution et pas sur le problème ».

On s'en doute, Thomas a su démontrer son aptitude à se focaliser sur la solution – même si on ne sait pas laquelle il a imaginé – et non sur le problème. Il a donc décroché sa carte d'embarquement pour la troisième étape de la sélection, qui n'est, cette fois, plus de son ressort. En effet, lors de cette ultime phase, les 48 candidats restants subissent une quantité monumentale d'examens médicaux, afin de s'assurer qu'ils ont une excellente condition physique et une résistance nécessaire pour de telles missions… Voyager dans l'espace n'a rien d'anodin, et l'impesanteur est extrêmement bouleversante pour notre organisme. On dit qu'un voyage de six mois dans la station spatiale équivaut à un vieillissement du corps de dix ans… Même si de nombreux symptômes comme la diminution des muscles peuvent ensuite être récupérés, mieux vaut être certain d'être en excellente santé avant de se lancer dans une telle aventure. Et autant dire que l'Agence spatiale européenne ne lésine pas sur les examens. Rien n'est laissé au hasard, tout est testé, contrôlé, évalué. De l'acuité visuelle au rythme cardiaque, en passant par la densitométrie osseuse et la santé dentaire, absolument tout le corps des candidats est étudié de près. Jean-François Clervoy explique qu'« ils ont passé une visite médicale extrêmement poussée d'une semaine. La moitié seulement a été déclarée apte médicalement. On va regarder des détails qu'on n'irait pas chercher ailleurs mais qui sont éliminatoires, même si la personne pourrait vivre centenaire sur Terre. Cela se passe au niveau cardio-vasculaire, des artères, du cœur ou de la rétine. » C'est à Cologne que Thomas et ses concurrents effectuent ce marathon médical, en croisant les doigts pour ne pas être trahis par un infime détail de leur anatomie…

L'illustratrice et scénariste française de bande dessinée, Marion Montaigne, de la même génération que Thomas puisqu'elle est née en 1980, est passionnée par les sciences. Autrice depuis 2008 d'un blog humoristique de vulgarisation scientifique, au titre qui annonce la couleur, *Tu mourras moins bête (mais tu mourras quand même)*, adapté en dessin animé pour la chaîne Arte, elle va accompagner le futur astronaute dans les sept longues années de préparation à ce métier hors norme. Marion Montaigne retranscrira cette expérience extraordinaire dans une bande dessinée passionnante, *Dans la combi de Thomas Pesquet*, publiée aux éditions Dargaud en 2017, aussi drôle et corrosive qu'instructive, dans laquelle elle dévoile des anecdotes hilarantes tout en mettant à notre portée de nombreux mystères de l'astronomie. Marion Montaigne raconte notamment, avec son humour dévastateur, à quel point la semaine d'examens médicaux est intense et, parfois, humiliante. Car entre les prises de sang, les tests d'effort, les tests visuels et autres examens en tout genre, certains, particulièrement désagréables, sont également au programme, comme une coloscopie.

Après cette semaine éprouvante, Thomas est de retour en France et n'a plus qu'à patienter dans l'attente du verdict. À la suite d'un dernier entretien avec le directeur de l'Agence spatiale européenne, les candidats en lice ne sont plus que dix, pour six postes disponibles. Après ce long parcours du combattant, l'attente des derniers jours est insoutenable. Le doute et l'angoisse s'immiscent dans l'esprit, pourtant habituellement particulièrement serein, de Thomas Pesquet.

Alors que l'échéance de la conférence de presse qui doit annoncer officiellement les six candidats retenus approche à grands pas, toujours aucune nouvelle de l'Agence spatiale européenne. Le supplice se prolonge et les espoirs s'amenuisent. Le pilote se fait une raison, à moins d'une semaine de la conférence de presse, s'il avait été sélectionné, il aurait été prévenu. Renoncer à son rêve de gosse si près de l'arrivée, en voilà un sacré défi à relever pour celui qui a toujours tout réussi… Une déception de taille qui s'annonce douloureuse et cruelle. Quelques jours avant la conférence de presse, Thomas n'y croit plus. Pour se changer les idées, l'ingénieur pilote invite des amis à dîner. Il espère décompresser un peu, après tant de stress et d'investissement. Et, soudain, un coup de téléphone illumine sa soirée et change le cours de sa vie. L'astronaute raconte cette anecdote lors de l'émission « Le temps d'un bivouac » sur France Inter, diffusée le 8 juillet 2019 : « Le lundi, je dîne avec des amis, chez moi, à Paris. Coup de fil. Je m'isole un petit peu. C'est le DRH de l'ESA qui me dit : "Est-ce que vous voulez toujours faire astronaute ?" J'ai failli dire non ! Mais ce n'est pas une bonne blague… Donc je me suis dégonflé ! J'étais surpris. J'étais avec des amis, avec ma compagne qui a compris tout de suite. Ils ont vu que je m'isolais, que j'étais un peu spécial. C'était inespéré, c'était énorme pour moi. On est sortis. On a bu un verre pour fêter ça. » Après un tel parcours de sélection, un tel ascenseur émotionnel, celui qui n'est encore qu'officieusement astronaute a bien mérité d'ouvrir le champagne.

Quelques jours plus tard, le 20 mai 2009, l'Agence spatiale européenne fait la déclaration que le monde entier – ou tout du moins l'Europe entière – attend : l'annonce des candidats sélectionnés pour intégrer le Corps européen des astronautes. Parmi les 8 413 candidatures recevables, six ont réussi à valider chaque étape de ce long et exigeant processus de cette troisième sélection de l'agence depuis sa création. Pour les heureux élus, les étoiles se rapprochent…

Toutes les caméras sont braquées sur les six futurs astronautes, joyeux, émus, mais aussi un peu intimidés.

Prêts à endosser la combinaison de cosmonaute, mais peut-être pas encore habitués à porter les habits de lumière. Aux côtés du Français, se côtoient quatre nationalités : Italie, Danemark, Allemagne et Grande-Bretagne. La magie et la force de la conquête spatiale résident aussi dans cette magnifique union entre les pays, au niveau européen bien sûr, avec l'Agence spatiale européenne, mais plus largement au niveau mondial. L'entraide, la coopération, parfois aussi la compétition et la rivalité entre tous les pays ont permis notamment l'extraordinaire prouesse de construire la Station spatiale internationale. Parmi les camarades de promotion de Thomas, il y a donc Samantha Cristoforetti, née en 1977, troisième femme astronaute de l'agence spatiale et la première Italienne, mais elle est aussi et avant tout pilote de chasse. Son compatriote, Luca Parmitano, né un an plus tôt, est pilote d'essai des forces aériennes italiennes. Andreas Mogensen, né lui aussi en 1976, au Danemark, est ingénieur aéronautique. Ensuite, Alexander Gerst, né la même année, est géophysicien et volcanologue allemand. Enfin, le pilote d'hélicoptère britannique, Tim Peake, est le plus âgé du groupe, puisqu'il est né en 1972. Tous ont des parcours d'exception, dont plusieurs en tant que pilote. Même parmi les meilleurs, Thomas Pesquet arrive à se distinguer. En effet, il est l'astronaute le plus jeune jamais recruté par l'Agence spatiale européenne ! À seulement 30 ans, l'ingénieur pilote de l'air change de nouveau de métier et s'apprête à vivre l'aventure la plus folle de sa vie…

Devant la caméra du média Brut, pour l'émission « 3 moments qui ont changé la vie de Thomas Pesquet », diffusée le 14 mars 2020, l'astronaute reviendra sur cette singularité d'être la plus jeune recrue de l'ASE. Comme à son habitude, il en fait une force et la transforme en défi à relever : « Je pense que je l'ai pris non pas comme une pression supplémentaire, mais évidemment, il faut faire un peu ses preuves. Je ne sais pas s'il faut faire plus ses preuves que d'autres, mais d'être le plus jeune, ou d'être la seule fille dans un monde de gars, enfin tout ça, ce sont toujours des situations un peu particulières. Donc je ne sais pas, je pense que moi, la manière dont je l'ai vécu, c'est : je ne voulais pas, je ne pouvais pas être le plus nul. Ce n'était pas possible parce que comme j'étais déjà le plus jeune, ça laissait trop de place à la critique ou à l'interprétation. Donc il fallait que je travaille plus que les autres. » Avec Thomas, tous les prétextes sont bons pour redoubler d'efforts…

L'esprit compétitif, ce besoin de se surpasser sans cesse est indéniablement l'un des traits marquants de sa personnalité. Mais on peut se demander si cette charge de travail considérable qu'il s'impose constamment et relève sans faillir ne cache pas aussi, en partie, un léger manque de confiance en soi ? Derrière l'image extraordinairement solide, et sa carrière époustouflante qui l'atteste, Thomas Pesquet semble tout de même avoir toujours besoin de prouver qu'il est capable de relever encore et encore un nouveau défi. Si tel est le cas, le pionnier du ciel a su transformer cette légère faille en force insubmersible.

Dès l'annonce officielle de sa nomination, la vie de Thomas change du tout au tout. Alors qu'il était habitué à vivre sa vie comme il l'entendait, en fonction de ses désirs, des objectifs qu'il se fixait ou, bien sûr, de ses contraintes professionnelles, son emploi du temps va bientôt radicalement changer et lui être entièrement imposé. La formation est très longue et pas toujours agréable. Il expliquera qu'on a par moments le sentiment de subir et de faire partie d'une grande machine… Au-delà de cet aspect extrêmement concret et parfois même un peu pesant, qu'il aura le temps de découvrir, l'apprenti astronaute change instantanément de statut. Alors qu'il était inconnu du grand public, d'une seconde à l'autre, sa vie, son parcours, sa personnalité attirent toute l'attention. La notoriété est aussi soudaine qu'inattendue. Bien sûr, le jeune homme avait bien d'autres pensées en tête que de songer à cette facette du métier, qui n'est qu'une conséquence anecdotique pour un astronaute. Néanmoins, Thomas Pesquet saura mieux que personne avant lui entretenir, utiliser et faire croître cette notoriété jusqu'à atteindre des sommets inégalés. Grâce à son sens du contact, sa sympathie, son humour et sa soif immense de partager ses aventures et son expérience, mais aussi une grande maîtrise des outils de communication modernes, notamment des réseaux sociaux, il deviendra l'un des astronautes les plus connus au monde.

En ce début d'été 2009, il est temps pour Thomas de savourer sa nouvelle vocation et de découvrir tout ce qu'elle implique… Car si le processus de sélection ressemblait à un parcours du combattant, que dire de celui qui l'attend pour devenir réellement astronaute ? Le chemin est encore très long et semé d'obstacles. Néanmoins, désormais une place dans l'espace lui est réservée… Voilà déjà un exploit qui mérite d'être fêté dignement. Pour célébrer ses nouvelles recrues, l'Agence spatiale européenne organise une grande soirée à Paris, où est convié tout le gratin de l'astronomie. Ingénieurs, physiciens, mais aussi les pionniers de l'espace. Très impressionnés, les futurs astronautes croisent des géants. Les grands explorateurs, ceux qui ont ouvert la voie et repoussé les limites de l'Univers, et celles de l'humanité. Notamment un certain Buzz Aldrin. Thomas Pesquet se souviendra toute sa vie de sa rencontre avec le légendaire astronaute, deuxième être humain à avoir posé un pied sur la Lune après Neil Armstrong, lors de la mission Apollo 11, le 21 juillet 1969. Si les premiers mots d'Armstrong sont passés à la postérité, « un petit pas pour l'homme, un bond de géant pour l'humanité », ceux de Buzz Aldrin, qui restera l'éternel second, sont moins entrés dans l'Histoire. Pourtant, l'échange entre les deux astronautes mérite d'être connu. Une fois qu'il a rejoint le commandant de la mission, sur le satellite de la Terre, Buzz s'est exclamé : « Magnifique vue ! » Ce à quoi Armstrong lui a répondu : « N'est-ce pas quelque chose de fort ? Une vue magnifique, ici. » Et Buzz Aldrin de lui répondre cette poétique formule : « magnifique désolation ».

L'échange entre Thomas Pesquet et Buzz Aldrin a moins de portée pour l'humanité, mais il est resté gravé dans la mémoire du futur astronaute… Des années plus tard, le mercredi 21 avril 2021, alors que sa deuxième mission spatiale est sur le point de commencer, son vol avec Space X vient tout juste d'être reporté de vingt-quatre heures, à cause des conditions météorologiques. L'astronaute Thomas Pesquet tweete alors les précieuses recommandations que lui avait faites son illustre prédécesseur :

« #MissionAlpha. Nous avons un nouvel horaire de lancement, car la météo est défavorable : vendredi 23 avril à 11 h 49. Buzz Aldrin m'avait donné deux conseils lorsque je suis devenu astronaute : “respecte tes aînés et apprends la patience”, la sécurité avant tout ! » C'est peu dire qu'avant sa première mission spatiale, Thomas devra apprendre à composer avec la patience…

5

Pas après pas...

Au mois de septembre 2009, Thomas Pesquet entame une nouvelle étape de sa vie. Avec une rentrée scolaire pas exactement comme les autres. L'ingénieur pilote endosse de nouveau le rôle d'élève pour faire ses classes dans l'école des astronautes. Cette fois-ci, encore un changement de ville et de pays, puisque c'est à Cologne, en Allemagne, que se situe l'EAC, le Centre européen des astronautes de l'Agence spatiale européenne. Créé en 1990, ce centre de formation très particulier, équipé d'une piscine de flottabilité neutre et de simulateurs, assure le recrutement, la préparation et l'entraînement des nouveaux astronautes en vue de leurs prochaines missions dans la Station spatiale internationale. Une centaine de personnes travaillent dans ce centre afin de former au mieux les voyageurs de l'espace de demain. Thomas Pesquet a l'immense honneur de faire partie des tout premiers astronautes formés en Europe. Auparavant, les apprentis astronautes s'en remettaient aux deux géants russes et américains.

Si, en arrivant à Cologne, la nouvelle promotion du Corps des astronautes de l'ASE s'imaginait déjà tester les fameux simulateurs de l'impesanteur ou plonger au fond de la piscine, ils ont vite déchanté… Car, bien avant de se confronter à toutes les caractéristiques d'un environnement spatial, il faut déjà se familiariser avec une quantité considérable d'informations théoriques. Les compétences nécessaires afin de réaliser une mission spatiale sont extrêmement nombreuses et pluridisciplinaires. Il est indispensable de maîtriser tous les aspects techniques et scientifiques de leur futur environnement. À bord de l'ISS, les astronautes, même s'ils sont reliés en permanence aux nombreuses équipes sur Terre, doivent être capables de mener à bien leurs recherches scientifiques, mais également de réparer toute éventuelle défaillance sur n'importe quel élément de la station – des toilettes en passant par les machines de pointe –, de se porter secours mutuellement et d'apprendre des techniques de survie… Et tout cela en impesanteur ! Le programme de formation, très chargé, comprend donc des cours dans tous les domaines : informatique, médecine, biologie, ingénierie spatiale, mécanique, électricité et même plomberie… Sans oublier l'apprentissage complet d'une langue, le russe ! En effet, les astronautes s'envoleront à bord du vaisseau russe Soyouz et devront être capables de s'exprimer parfaitement dans la langue de Tolstoï. L'anglais et le russe sont d'ailleurs les deux langues officielles de la Station spatiale internationale. Cette partie du programme est bien souvent redoutée par les apprentis astronautes, plus à l'aise avec les matières scientifiques.

Au cours de cette formation initiale, dense et diversifiée, 1 600 heures de cours sont dispensées aux futurs astronautes. Le chef du Centre européen des astronautes, Michel Tognini, explique, sur le site de l'ESA, qu'« être un bon scientifique ou un excellent ingénieur n'est pas suffisant pour devenir un astronaute ; la formation de base à l'EAC (Centre européen des astronautes) doit amener les astronautes à atteindre un niveau professionnel dans divers domaines, tels que le russe, plusieurs disciplines scientifiques fondamentales, l'histoire des vols habités, l'ingénierie spatiale, le comportement humain, l'entraînement au vol et bien d'autres compétences nécessaires au métier d'astronaute. Ils seront formés aux tâches complexes nécessaires aux missions spatiales. »

La formation extrêmement complète et intensive, qui doit permettre aux astronautes de connaître à la perfection la Station spatiale internationale tout en se familiarisant le plus possible à l'impesanteur, s'étale sur dix-huit mois. L'apprentissage du russe s'effectue à quelques dizaines de kilomètres de Cologne, dans le pôle universitaire de Bochum. À en croire Marion Montaigne, dans sa bande dessinée, la vie universitaire n'y est pas des plus réjouissantes. Un temps maussade, des professeurs austères et des étudiants dépressifs, l'autrice et illustratrice dépeint un scénario apocalyptique… Si Marion Montaigne a sans doute forcé le trait, il n'en reste pas moins que l'apprentissage du russe laissera un souvenir particulièrement âpre à notre idole nationale. Dans l'émission « Le temps d'un bivouac », diffusée sur France Inter, Thomas Pesquet confirme que le russe est l'une des étapes les plus compliquées de la formation : « Sauf pour Samantha, italienne, l'une des six recrues qui parlait déjà bien le russe ! Mais pour les cinq autres, c'est ce qui a été le plus difficile. Partir de zéro pour arriver à maîtriser suffisamment une langue pour pouvoir voler dans un véhicule. » Après deux mois intensifs à étudier la langue russe, les astronautes poursuivent leur apprentissage par un mois en immersion dans une famille. Dès le mois de février 2010, c'est un voyage pour Saint-Pétersbourg qui attend les six nouveaux astronautes. Une plongée au cœur du long hiver russe pour s'immerger dans la langue de Youri Gagarine et mettre en pratique leurs cours théoriques. Cette expérience riche et parfois éprouvante a permis aux six astronautes de maîtriser presque à la perfection les déclinaisons de la langue russe, de se familiariser avec la culture russe, mais aussi de souder cette nouvelle équipe. Dans un reportage réalisé et produit par le CNES, le Centre national d'études spatiales, à l'occasion de la remise des diplômes d'astronautes des six nouvelles recrues, en 2010, Thomas Pesquet évoque cette complicité très forte qui s'est créée entre eux : « On a passé l'année ensemble dans les moments positifs, mais aussi dans les moments négatifs. Il y a eu des moments moins drôles pendant un stage de survie, pendant l'immersion en russe, dans la neige à Saint-Pétersbourg en février. C'est là qu'on apprend vraiment à se connaître. On a développé une vraie amitié. » Selon le jeune astronaute, ce lien unique entre les membres de cette promotion particulière est inédit dans l'histoire de l'Agence spatiale européenne. Et pour cause, c'est la première fois que les astronautes sont sélectionnés et formés en même temps. Thomas explique : « C'est ça qui est un peu nouveau. Par rapport aux anciennes générations, nous, on a été sélectionnés et formés ensemble. Auparavant, à l'ESA, les astronautes étaient un peu dispatchés, on les envoyait chez les Russes ou chez les Américains, un par un, ou deux par deux. Même s'il y avait un corps européen, il y avait peut-être moins d'amitié, de connivence, de complicité que ce qu'il y a entre nous, les nouveaux. »

Au-delà de l'apprentissage fastidieux des subtilités de la langue russe, les astronautes doivent également apprendre tout ce qui compose la station spatiale. Et ce n'est pas une mince affaire ! En effet, l'ISS est le plus grand objet artificiel placé en orbite terrestre. Aussi grande qu'un stade de foot, la station spatiale mesure 110 mètres de long sur 74 mètres de large et 30 mètres de hauteur. Les quinze modules qui la composent – dont quatre sont consacrés aux expériences scientifiques – représentent 900 m^3 dont 400 habitables. L'objectif pour nos apprentis astronautes est qu'ils en connaissent le moindre centimètre carré. L'ISS ne doit plus avoir aucun secret pour eux. Des quantités d'information sont ingurgitées afin de comprendre le fonctionnement de chaque parcelle de tous les modules qui composent la station, et de pouvoir pallier toute éventuelle panne. Toutes les procédures doivent être maîtrisées sur le bout des doigts. Du moindre boulon à l'installation, l'entretien ou la réparation d'un panneau solaire, les astronautes devront être capables de résoudre chaque problème. Parce que la station est internationale, le matériel est russe, américain, canadien, japonais… Il faut donc que les astronautes apprennent et connaissent parfaitement le fonctionnement et les spécificités de chacun des éléments. Pour cela, rien de mieux que de se rendre dans l'agence du pays en question. Voilà pourquoi la formation est, elle aussi, internationale.

Avant de s'envoler pour Houston ou Moscou, les six astronautes doivent également se familiariser, à Cologne, avec l'ensemble des systèmes du nouveau laboratoire européen, Columbus. Ce nouveau module est une formidable ressource pour l'Agence spatiale européenne, qui offre d'innombrables possibilités de recherche. Les nouvelles recrues doivent donc en maîtriser tous les équipements afin d'y réaliser de nombreuses expériences, une fois dans la station.

Si les cours théoriques sont considérables, la préparation physique n'est pas en reste. Il est impératif que les futurs voyageurs de l'espace aient et maintiennent une forme olympique. Vivre en impesanteur attaque considérablement l'organisme, qui doit se préparer à subir cette modification fondamentale de l'environnement. Pour résister aux assauts de l'impesanteur sur le vieillissement du corps, sur les muscles, les os, les astronautes ont une pratique physique intensive et régulière qu'ils conserveront tout au long de leur préparation. Dans la Station spatiale internationale, pour limiter ces effets néfastes, ils consacreront deux heures par jour au sport.

Au-delà d'une excellente condition physique, les apprentis astronautes doivent se préparer plus spécifiquement à cette très étrange particularité de la vie en espace : l'absence de pesanteur. Or, sur Terre, impossible de reproduire l'impesanteur. L'environnement qui y ressemble le plus est le milieu aquatique. Les piscines à flottabilité neutre permettent aux astronautes d'appréhender au mieux les futures sensations spatiales. La plongée sous-marine, discipline que Thomas Pesquet affectionne particulièrement, devient l'un des temps forts de la formation. Elle prépare les recrues aux futures sorties extravéhiculaires, le rêve ultime de tout astronaute. Ces immersions visent à apprendre les procédures spécifiques, les gestes et les mouvements dans cet environnement particulier, et à l'intérieur d'un scaphandre qui ne pèse pas moins de 145 kilos !

Dans le reportage du CNES, Thomas revient sur les étapes importantes de cette première partie de la formation, notamment les fameuses immersions dans la piscine : « Il y a eu tout ce qu'on a appelé les fondamentaux, sciences et techniques du vol spatial : ingénierie, informatique, thermique, la propulsion des véhicules spatiaux, mécanique spatiale, trajectoire et ainsi de suite. Donc tous ces domaines qui sont nécessaires pour comprendre comment marche une mission spatiale, [et] des choses un peu plus pratiques, [...] du sport parce qu'il faut se maintenir en forme physique. [Mais aussi] l'apprentissage de la langue russe, dont un mois en immersion intensive en février [...] ; une campagne de vol parabolique pour découvrir l'apesanteur [...] ; la robotique, maniement du bras robotique présent dans la station internationale, le bras canadien [...] ; l'entraînement en piscine pour les sorties extravéhiculaires, en scaphandre pour répéter un peu les procédures, les mouvements, puis découvrir un peu ce que ça demande d'être en sortie extravéhiculaire. »

Après le mois de février rugueux dans les steppes russes, retour à Cologne pour un programme plus réjouissant. Les six recrues vont découvrir les premières sensations d'apesanteur avec un baptême de l'air particulier : le vol parabolique à bord du célèbre « Zéro G », comme zéro gravité. Si Thomas est déjà un pilote confirmé, il n'a encore jamais eu l'occasion de voler dans cet Airbus modifié, très particulier, qui permet de créer une situation de micropesanteur. Les manœuvres précises des pilotes simulent des chutes libres pendant lesquelles l'état d'impesanteur est recréé pendant vingt-deux secondes. Une préparation aussi brève qu'essentielle, même si avec une vingtaine de secondes on est loin des six mois en impesanteur, à bord de la Station spatiale internationale...

Au mois de juin, se déroule une autre étape indispensable de la formation d'astronaute : le stage de survie. En effet, les astronautes doivent apprendre à réagir en toutes circonstances, dans l'espace mais aussi sur Terre. Car la capsule Soyouz n'atterrit pas nécessairement à l'endroit prévu. Le moindre incident peut faire dévier la trajectoire du vaisseau, qui peut atterrir à des centaines de kilomètres de son point de chute... En plein désert, en pleine mer, dans une forêt, sur un glacier ou sur un massif montagneux ! Nos six apprentis astronautes doivent donc apprendre à survivre dans les environnements les plus hostiles. L'histoire spatiale a connu des drames, à ses débuts, et depuis, parfois, des complications. En 2008, l'astronaute russe Youri Malenchenko, la Coréenne Yi So-Yeon et l'Américaine Peggy Whitson – première femme à commander l'ISS, mais aussi à avoir passé le plus de temps dans l'espace, et qui sera coéquipière de Thomas Pesquet, quelques années plus tard, lors de sa première mission spatiale – embarquent sur le vaisseau Soyouz, après une mission de six mois sur l'ISS, l'Expédition 16. Le voyage retour ne se passe pas exactement comme prévu et donne des sueurs froides à tout le monde... Juste avant l'entrée atmosphérique, la séparation entre le module orbital et le module de service rencontre un problème, et la trajectoire de la capsule est déviée de plusieurs centaines de kilomètres. L'ordinateur de bord échoue à faire fonctionner les fusées d'orientation et opte donc pour une rentrée balistique, plutôt qu'une entrée nominale, c'est-à-dire non contrôlée ! À bord du vaisseau Soyouz, les astronautes serrent les dents et accusent le coup. Plutôt que d'être soumis à une force gravitationnelle de 4G, qui correspond à la procédure normale et représente quatre fois leur poids, l'équipage doit absorber une force de 8G, soit huit fois leur poids ! Après cette chute, presque libre, la capsule atterrit finalement à 400 kilomètres de la zone d'atterrissage. Fort heureusement, tous les astronautes sont sains et saufs et bien vite rejoints par les équipes chargées de les récupérer.

C'est pour se préparer à ce type d'atterrissage en urgence que les apprentis astronautes doivent apprendre à s'extraire de la capsule en toute sécurité et à survivre avec les moyens du bord dans n'importe quel type d'environnement, jusqu'à l'arrivée des secours. Pour ce premier stage, les six coéquipiers sont héliportés et laissés quinze jours dans les monts Supramonte, en Sardaigne. Malgré la beauté époustouflante de l'île italienne, ses massifs rocailleux, ses cascades et ses falaises à pic sur la mer, ce ne sont pas des vacances qui attendent les six recrues européennes. Dans ces sentiers escarpés offrant un panorama à couper le souffle, les futurs astronautes n'auront guère le temps de contempler le paysage.

Formée aux techniques de survie, grâce à des cours théoriques et pratiques, l'équipe doit désormais faire ses preuves. La responsable du stage de survie, Loredana Bessone, l'affirme : « Nous avons voulu leur donner des connaissances de base pour la survie en pleine nature. Après avoir appris des techniques générales de survie, applicables dans n'importe quel environnement et sous n'importe quelles conditions météorologiques, ils apprendront plus tard les techniques spécifiques relatives aux véhicules et à l'environnement au cours de leur entraînement de mission. » Ce premier stage de survie en annonce d'autres...

La mission a été préparée minutieusement par le Centre des astronautes européens de Cologne, en relation avec la police italienne, l'armée de l'air, les garde-côtes et les autorités locales de secourisme en montagne. Mais si tout ce petit monde est dans les coulisses, les recrues, à leur descente d'hélicoptère, se retrouvent seules et sans aucune aide extérieure. Dès leur arrivée, les six futurs astronautes doivent établir un campement, faire du feu, trouver de la nourriture, en chassant ou en pêchant, le tout avec un minimum de matériel. Ils devront désosser la carcasse d'une vieille voiture afin de récupérer des outils ou tout élément utile pour la chasse, la pêche, ou encore construire un abri, cuisiner... Au bout de trois jours, on leur fournit des vêtements secs, mais aussi une nouvelle mission : rejoindre un point excentré de l'île, en traversant des canyons, en escaladant des falaises. Pour se repérer, le ciel étoilé. Pour se désaltérer, pas le choix, il leur faut trouver de l'eau et la filtrer ! Une fois les six coéquipiers arrivés au point de rendez-vous, ils sont héliportés avant d'être rejetés en pleine mer… Où ils doivent gonfler un canot de sauvetage et, une nouvelle fois, survivre dans cet environnement hostile !

Véritable stage commando dont l'objectif est de simuler au mieux le contexte d'un atterrissage en urgence. En effet, à bord de Soyouz, les astronautes n'auront qu'un kit de survie et le vaisseau lui-même pour survivre. Il est donc essentiel de se préparer à réagir avec ce que l'on a sous la main. Cette mission très spéciale, qui ressemble à un entraînement militaire et fait penser à des films ou à des séries catastrophes d'un crash au beau milieu d'une île déserte, suppose des compétences individuelles de haute volée, comme l'alpinisme ou la médecine de survie. Les six coéquipiers doivent escalader des falaises abruptes en s'assurant mutuellement, se repérer avec les étoiles, traquer des proies, constituer des pièges. Autant d'aptitudes physiques et mentales éprouvantes. Mais pas uniquement. En effet, en plus de cette capacité à faire face à l'adversité et à trouver des solutions, ce stage de survie met en jeu également des compétences humaines et sociales, collectives, telles que la cohésion de groupe, l'entraide et la coordination. Comme le raconte Thomas Pesquet dans l'interview du CNES, ces stages de survie ont grandement participé à souder l'équipe. En Sardaigne, les astronautes vivent des moments cruciaux, où l'on ne peut se cacher derrière des faux-semblants ou un ego trop important. L'entente entre eux devient vitale.

Le futur astronaute Timothy Peake raconte ses ressentis sur le site de l'Agence spatiale européenne : « Nous avons ressenti la faim au bout de quarante-huit heures. Dormir dans ces conditions n'est pas facile. C'était dur, mais quand j'y repense maintenant, c'était une bonne expérience. » Transformer les épreuves et les expériences difficiles en bons souvenirs, voilà une compétence de plus des astronautes, qui sont, décidément, des êtres à part !

Le stage de survie conclut la première phase de formation des six nouveaux membres de l'Agence spatiale européenne. Après dix-huit longs mois de formation, Thomas Pesquet, Samantha Cristoforetti, Alexander Gerst, Andreas Mogensen, Luca Parmitano et Timothy Peake obtiennent leur diplôme lors d'une cérémonie officielle, le 22 novembre 2010, et deviennent officiellement astronautes. Michel Tognini, chef du Centre des astronautes européens, déclare : « Je suis fier du travail que les équipes de l'EAC ont accompli afin que ce groupe hétérogène formé de six individus exceptionnels puisse accéder à un même niveau de connaissances, qui fait d'eux des astronautes officiels. » Très émouvante, la cérémonie entérine un grade tant attendu et récompense un parcours rude et exigeant, mais qui est loin d'être terminé. Pour les jeunes astronautes, les étoiles sont encore loin...

6
La longue attente

En cette fin d'année 2010, Thomas Pesquet, tout juste diplômé, est désormais astronaute et peut donc être nommé pour participer à une prochaine mission spatiale en direction de la station internationale. Au micro du journaliste Sébastien Martineau qui l'interroge pour son « reportage à l'école des astronautes » diffusés le 8 mars 2011 sur le site internet dw.com, le jeune astronaute français savoure son nouveau statut : « On dit "candidat astronaute" jusqu'à la fin de cet entraînement de base, qui s'est fini fin novembre, à la suite de quoi nous a été remis notre diplôme d'astronaute, qui nous autorise à être désigné sur des vols de longue durée vers la station ISS et au-delà si l'occasion se présente. Donc, depuis le 22 novembre, on est officiellement astronautes de l'Agence spatiale européenne. » Si on comprend aisément l'enthousiasme débordant du jeune explorateur de l'espace, le voyage vers le grand vide n'est pas pour tout de suite. Thomas et ses cinq camarades astronautes sont encore loin d'être prêts pour décoller vers l'ISS. La formation initiale leur a permis d'acquérir les compétences de base indispensables au métier d'astronaute. Néanmoins, il reste encore un long chemin avant de pouvoir revêtir le scaphandre et monter à bord de la capsule Soyouz.

Lors de cette interview avec Sébastien Martineau, Thomas Pesquet dresse un bilan de sa première phase de formation et évoque déjà, avec la passion qui anime son rêve, d'aller un jour sur Mars. L'astronaute tente d'expliquer pourquoi l'exploration spatiale ne fascine plus autant qu'à l'époque des missions Apollo, quand l'homme marchait sur la Lune pour la toute première fois, sans se douter qu'il allait grandement contribuer à lui redonner ses lettres de noblesse. Dans une comparaison assumée avec les grandes explorations terrestres, Thomas détaille le processus d'habituation qui transforme la découverte en habitude et finit par lasser : « Quand Christophe Colomb va aux Amériques, revient, et dit “voilà j'ai découvert l'Amérique”, c'est une révolution, puis, petit à petit, on s'habitue parce qu'il y retourne, il y emmène des gens. Les gens vont s'installer là-bas, puis toutes les semaines, tous les jours, il y a un départ. Les gens s'installent, colonisent, et ainsi de suite. C'est un petit peu moins excitant, parce que ça devient la routine. C'est vrai que quand on voit décoller la navette spatiale, ça n'impressionne pas beaucoup plus que le décollage d'un Boeing 747, pourtant ce n'est pas la même somme d'efforts et de technologie. C'est normal, on s'y habitue. Mais c'est parce que aussi on est dans la même phase, pas de colonisation mais d'appropriation de l'espace. Bientôt, on va se rendre compte qu'on maîtrise cet environnement et qu'il est temps d'aller plus loin. Donc on va reprendre cette phase d'exploration, de découverte, qui est beaucoup plus excitante, qui parle un peu plus au grand public, et qui fait un peu plus rêver. » Thomas Pesquet n'aura pas besoin d'aller sur Mars pour nous faire rêver. Mieux que personne, l'astronaute français, au cours de ses missions sur la station spatiale, saura utiliser les moyens modernes de communication pour rapprocher les étoiles et les insuffler dans les yeux de tous les grands enfants du monde…

Pour l'instant, en plus de poursuivre sa formation, le jeune astronaute travaille désormais en tant qu'Eurocom. Il est responsable des communications avec les astronautes depuis le centre de contrôle. Dans la célèbre citation tirée du film *Apollo 13* avec Tom Hanks en 1995, *« Allo Houston, we have a problem »*, Thomas Pesquet est l'interlocuteur à Houston ! Mission ô combien capitale, elle permet de faire l'intermédiaire entre les astronautes à bord de la station spatiale et l'équipe de scientifiques et d'ingénieurs au sol. Précieux relais européen, l'Eurocom se doit d'être toujours disponible pour répondre aux questions des astronautes.

Parallèlement à ce nouveau travail, Thomas entame la deuxième partie de sa formation. Plus avancée, elle consiste en un entraînement technique et opérationnel aux quatre coins du globe… Russie, États-Unis, Japon, Canada, Allemagne, Thomas voyage sans cesse et n'a plus une minute à lui. Son emploi du temps est presque pire que celui d'un président de la République ! Fort heureusement, l'astronaute n'a jamais eu peur d'être surchargé de travail. Marion Montaigne le cite dans sa bande dessinée : « Est-ce que j'ai envie de me lever et de bosser quatorze heures par jour ? Oui. » Bourreau de travail, Thomas a depuis toujours l'habitude de ne pas se ménager et de redoubler d'efforts pour atteindre ses objectifs. Le plus difficile est peut-être de concilier sa vie privée et sa vic professionnelle, si intense. D'autant que sa compagne, Anne Mottet, ne chôme pas non plus. Chargée de politique d'élevage à l'Organisation des Nations unies pour l'alimentation et l'agriculture (FAO), Anne vit à Rome et fait, elle aussi, de nombreux voyages professionnels. La vie de couple est nécessairement mise à mal par les exigences très fortes de leur métier respectif. Dans l'émission « Les Rencontres du Papotin », diffusée sur France 2 le 24 juin 2023, Thomas Pesquet se confie avec une grande sincérité sur les contraintes inhérentes à ce choix de vie : « C'est difficile d'avoir deux métiers exigeants en même temps. Pour s'accorder à mon métier, il aurait fallu qu'elle arrête son métier, pour qu'on se voie tout le temps. Mais je n'avais pas envie d'exiger qu'elle arrête son métier. Elle a le droit aussi de faire quelque chose qui l'intéresse. Ce serait très égoïste de ma part. Elle a continué son métier et elle y est très heureuse, mais la conséquence de ça, c'est qu'on se voit moins souvent. » Résolument moderne, conscient de ses choix et de ce qu'ils impliquent, l'astronaute accepte de ne voir sa compagne que deux fois par mois – lorsqu'il n'est pas en mission ! D'aucuns se targueraient de la mission capitale, exceptionnelle, qui lui est confiée pour exiger de sa partenaire un sacrifice. Thomas, lui, ne se réfugie pas derrière le côté extraordinaire de son métier. L'astronaute n'attend pas de sa compagne qu'elle renonce à ses propres ambitions pour lui. Son épanouissement personnel ne passe pas avant celui d'Anne.

Au cours de cette formation avancée, la nouvelle promotion d'astronautes européens retourne en Sardaigne pour un nouveau stage de survie. Les six coéquipiers n'auront pas le loisir d'admirer la beauté du paysage, car c'est dans les profondeurs de l'île que les instructeurs les envoient. Cette fois-ci, pas de montagnes abruptes à escalader, de canyons à traverser, ou de radeau de sauvetage en pleine mer à préserver, mais des grottes obscures à défricher… Pour ce stage très particulier de spéléologie, les astronautes doivent survivre, collaborer et mener des expériences scientifiques dans un nouvel environnement extrême. Pendant six longues journées, Thomas et ses acolytes inspectent minutieusement les entrailles de l'île. Dans une obscurité presque totale, les aventuriers de l'extrême doivent se nourrir, explorer les contours des grottes et collecter de nombreuses informations en effectuant des relevés topographiques et des prélèvements microbiologiques afin, notamment, de découvrir et de mieux comprendre les formes de vie souterraine, celles-là mêmes qui sont les plus susceptibles d'exister ou d'avoir existé sur Mars…

Après la Sardaigne, aucun repos pour les astronautes en herbe. Le rythme est toujours très soutenu et les voyages incessants. Il est essentiel de s'entraîner au sein des différentes agences spatiales, européenne, bien sûr, mais aussi américaine, russe et même japonaise. Sans oublier de se préparer à un atterrissage de la capsule Soyouz dans tout type d'environnement. Alors, après les montagnes escarpées et les grottes obscures, quoi de mieux que des plaines enneigées ? En 2012, direction les forêts glaciales russes pour un stage de survie particulièrement éprouvant dans des conditions hivernales et, bien sûr, hostiles… Avec Samantha Cristoforetti, Thomas Pesquet doit affronter les températures très rudes de l'hiver russe, avec très peu de ressources et sans aucune aide extérieure. Ce stage de survie de deux jours est une étape incontournable et obligatoire pour tout astronaute amené à monter à bord de Soyouz. Là encore, l'objectif est de préparer les astronautes à survivre si toutefois l'atterrissage de Soyouz ne se passait pas comme prévu. Cette fois-ci, les astronautes travaillent leur résistance au grand froid (- 15 degrés !). Les aventuriers de l'extrême, équipés de leur combinaison de vol Sokol, ont dû se hisser à l'intérieur d'un vieux module de descente Soyouz, où les attendaient le kit de survie et des vêtements chauds. Recroquevillés sur eux-mêmes, Thomas, Samantha et leur commandant Sergei doivent ménager leurs efforts afin de lutter contre l'hypothermie, tout en se débarrassant de leur combinaison de vol pour enfiler les vêtements chauds. Une fois extirpés du module Soyouz, ils doivent désormais construire un abri avec une toile de parachute, en abattant eux-mêmes des arbres, à l'aide d'un simple couteau et d'une machette !

Après cet éprouvant stage de survie, Thomas Pesquet fait un petit détour par la mythique Cité des étoiles, située à 25 kilomètres au nord-est de Moscou. Construite au début de la folle aventure spatiale, en 1963, lorsque l'URSS envisage un programme spatial habité, la ville permet d'héberger le personnel du centre d'entraînement des cosmonautes, le fameux TsPK. Véritable forteresse, la Cité des étoiles pousse au beau milieu de la forêt. À l'intérieur des murs qui entourent la ville, absolument tout est secret-défense. En pleine guerre froide, il est impensable que la moindre fuite parvienne aux oreilles des ennemis. Les projets, les avancées techniques sont jalousement gardés, et l'ensemble du complexe est protégé par des postes de garde. Entièrement gérée par des militaires jusqu'en 2008, année où elle est devenue civile, la ville spatiale compte plus de 5 000 habitants, mais aussi des commerces, une église, une école. Après la chute de l'URSS et, plus tard, avec la construction de la Station spatiale internationale, la ville s'est peu à peu ouverte au reste du monde. Initialement strictement réservée aux cosmonautes russes et à leur famille, la Cité des étoiles abrite désormais des chalets construits par la NASA afin que les astronautes américains puissent s'entraîner sur le vaisseau Soyouz. Les Européens sont un peu moins bien lotis et regroupés dans des bâtiments plutôt austères.

Dans cette ville très particulière, la conquête spatiale y est érigée au rang de sacré. Youri Gagarine, le héros national, premier être humain à avoir effectué un vol dans l'espace, est presque une divinité. Célébré dans toute la cité à travers un musée, des monuments, une statue… Icône nationale, le célèbre astronaute trône sur la Cité des étoiles. Il n'est pas le seul à avoir les honneurs, la chienne Laïka, le premier être vivant à être mis en orbite autour de la Terre, a droit, elle aussi, à sa statue ! La Cité des étoiles n'est bien sûr pas qu'un immense lieu de recueillement. Elle abrite en son sein le GCTC, Centre Gagarine de formation des cosmonautes, avec des installations spatiales de taille et des équipements de pointe. On y retrouve notamment la fameuse centrifugeuse, une piscine avec reconstitution des éléments russes de l'ISS et, bien sûr, les simulateurs Soyouz afin que les astronautes s'exercent à piloter ce vaisseau qui les emmènera sur la station.

Les six astronautes européens de la promotion 2009 se retrouvent rarement tous ensemble. Chacun a un emploi du temps extrêmement dense, et certains ont déjà reçu le coup de téléphone tant attendu qui les affecte à une mission spatiale… C'est le cas de Luca Parminato, qui décollera l'année suivante pour un vol longue durée en direction de la station internationale, et d'Alexander Gerst, dont le départ est prévu en 2014. En ce début d'année 2012, la promotion 2009, qui s'est surnommée les « Shenanigans », est presque au complet. Seul manque Alexander, retenu à Houston pour son entraînement. Les retrouvailles à la Cité des étoiles sont très chaleureuses. Le groupe, soudé et uni, décide de lancer un blog pour raconter leurs extraordinaires aventures : le Blog des Shenanigans. Thomas écrit le premier billet au titre évocateur « Une réunion longtemps attendue », le 30 janvier 2012, afin de présenter ce nouveau projet collectif. Son objectif n'est pas de dispenser des cours théoriques en inondant les lecteurs de notions scientifiques ou techniques, mais de témoigner de la vie concrète et quotidienne d'un astronaute. Il évoque cette cohésion très forte entre les six Shenanigans : « J'ai déjà trop écrit pour commencer à décrire en détail la vie de groupe que nous vivons ici, à notre base de Cologne ou ailleurs, la dynamique, les personnalités, mais nous avons déjà vécu tellement de choses pendant la formation de base et depuis que nous avons été recrutés, bonnes ou mauvaises, que les liens ne pourraient pas être plus forts et sont là pour rester. »

Pour Thomas, il est temps d'accomplir sa prochaine mission, avec Timothy Peake. Ils doivent s'exercer dans la piscine de la Cité des étoiles à sortir dans l'espace avec la plus récente des combinaisons spatiales russes, le scaphandre Orlan. Les EVA, les sorties extravéhiculaires, se préparent minutieusement. Revêtir et utiliser une combinaison spatiale n'a rien d'évident ! Contrairement à une combinaison de plongée ou à un simple vêtement, elle pèse 120 kilos et déborde de technologie avancée, qu'il faut apprendre à utiliser et à maîtriser. Là encore, la moindre erreur peut être fatale. L'approximation ou l'imperfection n'ont pas leur place, au risque d'errer éternellement dans l'espace… L'errance en réalité ne serait pas si longue, car en à peine quinze secondes un astronaute perdrait conscience. Malgré le risque bien réel, même si tout est extrêmement préparé et anticipé, les sorties dans l'espace constituent le rêve ultime de tout astronaute. Timothy Peake en témoigne dans son article « Apprendre à sortir dans l'espace » publié sur le Blog des Shenanigans, le 21 février 2012 : « L'une des images les plus fascinantes des vols spatiaux, du moins à mon avis, ce n'est pas la puissance énorme libérée par une fusée de 3 000 tonnes quittant la Terre, ni la grâce d'une station spatiale de la taille d'un terrain de football planant au-dessus d'un océan. Pour moi, ce qui incarne la réussite humaine, c'est l'image d'un astronaute flottant librement dans l'espace, contemplant l'Univers à volonté, non encombré par la gravité gênante (cependant plutôt essentielle) de la Terre. »

Cet entraînement spécifique se déroule sur cinq semaines. Une première semaine de théorie, très studieuse, où Thomas et Timothy étudient le fonctionnement, le rôle et les différents composants de cette combinaison spatiale dont la mission, ô combien primordiale, sera de les protéger du vide intergalactique. Timothy explique : « Une combinaison spatiale, c'est comme une ministation spatiale avec son propre équipement de survie, son alimentation électrique, son contrôle thermal, ses communications voix et données, et ses systèmes de contrôle informatique – tous conçus pour garder un astronaute en vie jusqu'à dix heures dans l'espace. » La combinaison doit être pressurisée pour contrer le vide, mais sans reproduire une pression terrestre qui empêcherait tout mouvement. Or les astronautes ne vont pas dans l'espace uniquement pour réaliser leur rêve, mais pour effectuer des missions très techniques et précises ! La pression reproduite à l'intérieur du scaphandre équivaut à celle que l'on retrouve en haute montagne et rend donc chaque geste beaucoup plus difficile. Voilà pourquoi un entraînement intensif et régulier est nécessaire avant de s'envoler dans l'espace. Après cette première semaine de cours, les astronautes ont droit à une courte visite médicale avant d'enfiler enfin la fameuse combinaison. Avec humour, Timothy partage son expérience : « Comme le sac à dos est verrouillé et scellé, je suis reconnaissant de n'avoir jamais eu de problèmes avec les espaces restreints. Je me sens parfaitement réconforté par les limites de la combinaison, mais je peux m'imaginer que pour quelqu'un qui souffre même du plus petit sentiment de claustrophobie, cela s'apparenterait à de la torture médiévale. » À force de s'exercer, les astronautes se familiarisent avec ce très encombrant scaphandre et toutes les douleurs improbables qu'il engendre, et peuvent donc enfin le tester en condition, ou presque. L'Hydrolab est la piscine de 10 mètres de profondeur pour 24 de diamètre, à flottabilité neutre de la Cité des étoiles, avec des maquettes de segments russes de l'ISS. Toutes les tâches qu'ils avaient précédemment effectuées avec une simple combinaison de plongée deviennent beaucoup plus difficiles et contraignantes. Après plus de trois heures sous l'eau, une simulation d'urgence où Thomas Pesquet a feint d'être inconscient, les deux astronautes s'extirpent enfin de la piscine et surtout de leur imposante combinaison spatiale. Timothy se souvient : « Après une expérience si étrange et unique, il semble parfaitement normal que la première chose qui arrive lorsque nous retirons nos combinaisons, c'est de nous voir offrir une tasse de thé chaud par un gentil médecin russe, comme c'est civilisé ! »

De retour de cette mission victorieuse et éprouvante, Thomas Pesquet reste à la Cité des étoiles, sur les traces de Youri Gagarine, afin de recevoir ses premiers cours de pilotage de la fameuse navette Soyouz, en espérant qu'elle n'atterrira pas au beau milieu de la Sibérie… Depuis 1967, le vaisseau Soyouz, certes rustique et peu spacieux, est un véhicule spatial qui a fait ses preuves pour envoyer des astronautes sur les différentes stations spatiales, Saliout dans les années 1970, puis Mir, et enfin, bien sûr, l'ISS. Au début de l'exploration spatiale, en pleine guerre froide, il était impensable que des spationautes américains décollent d'un vaisseau russe. Ils utilisaient alors la navette spatiale américaine, STS, plus spacieuse, mais qui s'est avérée très onéreuse et moins fiable. L'orbiteur Columbia est détruit lors d'un terrible accident en 2003 qui coûte la vie aux sept membres de l'équipage… En 2011, après 135 vols, la NASA décide d'arrêter les frais et renonce à utiliser son engin spatial réutilisable. Si l'agence américaine veut continuer à envoyer des astronautes sur la station internationale, il est désormais indispensable de faire appel à l'ennemi ancestral : la Russie. Fort heureusement, la conquête spatiale, qui s'est établie notamment sur cet antagonisme fort entre les deux puissances, a su aussi coopérer comme jamais dans l'histoire de l'humanité pour aboutir à ce que l'homme a construit de plus extraordinaire et de plus complexe, l'ISS. Jusqu'en 2020, et le célèbre Crew Dragon de Space X avec lequel Thomas Pesquet rejoindra la station internationale pour sa deuxième mission spatiale, en 2021, Soyouz est le seul et unique vaisseau pour rejoindre les étoiles. Également utilisé comme véhicule de sauvetage en cas d'urgence à l'ISS, Soyouz est incontournable. Long de 9 mètres et d'une masse de 7 tonnes, il se compose de trois modules : un module de service, un module de descente et un module orbital.

Les astronautes doivent donc connaître la navette sur le bout des doigts. Bien qu'elle soit petite – les trois astronautes sont recroquevillés dans leur module – ce n'est pas une mince affaire ! La technologie n'est pas la plus évoluée, néanmoins, avant de pouvoir s'envoler, les futurs explorateurs du ciel passeront des centaines d'heures dans des simulateurs pour maîtriser tous les aspects du pilotage et s'entraîner au décollage, qui a toujours lieu à Baïkonour, et au retour sur Terre, que l'on espère dans les environs…

7

Thomas sur tous les fronts

Après cette escapade russe, Thomas Pesquet enfile sa plus belle combinaison spatiale bleue pour une mission tout aussi importante, et pour laquelle il se révélera particulièrement doué : partager sa passion de l'espace au plus grand monde. Celui qui était encore il y a peu un parfait anonyme va faire ses premiers pas sur la scène mythique de l'Olympia, le 6 octobre 2012. Invité à participer à l'événement organisé par TEDx Paris, qui donne tous les ans depuis 2009 un cycle de conférences consacrées à la technologie, au divertissement et au design à Paris, Thomas va transmettre son enthousiasme pour l'exploration spatiale et dévoiler au public son extraordinaire charisme. Très à l'aise, le jeune astronaute fait une démonstration forte et riche pour convaincre son auditoire de la nécessité de croire en l'exploration spatiale. En à peine un quart d'heure, il parvient à emporter l'adhésion à son discours grâce à une argumentation solide et à une pointe d'humour. Avec beaucoup de pédagogie et son enthousiasme communicatif, Thomas nous transmet immédiatement son rêve des étoiles.

Dès le début de son intervention, l'astronaute européen annonce son objectif : « Ce dont je vais essayer de vous convaincre ce soir, c'est que, dans le domaine de l'exploration spatiale, il faut croire à la science-fiction. Moi j'y crois depuis que je suis tout petit, ça m'a aidé à me dépasser, ça m'a permis de réaliser des choses que je pensais complètement hors de portée, comme devenir astronaute. » Il évoque ensuite les références qui l'ont bercé enfant, de Jules Verne et son magistral *De la Terre à la Lune*, à Hergé et son célèbre *Objectif Lune*. Ces œuvres qui n'étaient alors que de la science-fiction ont su anticiper l'avenir. Voilà pourquoi croire à la science-fiction est tout sauf irréaliste ! Très pédagogue, Thomas Pesquet revient ensuite en détail sur la création de la Station spatiale internationale et sur son fonctionnement. Il explique notamment qu'elle parcourt 6 000 kilomètres en douze minutes, soit la distance de Paris à New York, pour le même temps que l'on mettrait à avancer de huit stations de métro…

Si, aujourd'hui, nous avons tous une idée plus ou moins précise du rôle et du fonctionnement de la Station spatiale internationale, c'est en grande partie – du moins en France – grâce à Thomas Pesquet. Son extraordinaire soif de partager ses connaissances nous a permis de mieux connaître les avancées spatiales et de vivre ses aventures avec lui. En 2012, la population n'est pas aussi familiarisée qu'aujourd'hui avec l'exploration spatiale, et l'ISS est pour beaucoup un territoire inconnu. Extrêmement ambitieux, ce projet fou de placer en orbite terrestre basse, à 400 kilomètres de la Terre, une station spatiale capable de recevoir un équipage international permanent, afin de se consacrer à la recherche scientifique, a mis beaucoup de temps à se concrétiser. L'astronaute décrit le fonctionnement de la station internationale et les prouesses qu'elle a nécessitées : « L'ISS, c'est l'objet le plus complexe qui a jamais été réalisé de la main de l'homme. C'est grand comme un terrain de football : 115 mètres sur 74 mètres, 30 mètres de haut, ça a le volume intérieur d'un Boeing. C'est 2 500 m^2 de panneaux solaires, c'est entre 10 et 15 modules, ça dépend comment on compte, qui font 10 ou 20 tonnes, assemblés dans l'environnement le plus hostile qu'on puisse imaginer. Un vide total, sans oxygène, des températures extrêmes de – 100 à + 150 degrés en surface, l'exposition aux rayonnements solaires sans la protection de l'atmosphère. Bref, à côté de ça, le Sahara, le pôle Nord ou la fosse des Mariannes, c'est de la rigolade. » Voilà de quoi relativiser ses stages de survie en Sardaigne ou en Sibérie !

Thomas souhaite faire rêver son public et, pour cela, quoi de mieux que d'évoquer le rêve absolu de l'exploration spatiale, qui est aussi le sien, Mars !

Il explique qu'une mission Mars n'est pas possible dans l'état actuel des connaissances et de la technologie, mais que l'on y pense déjà sérieusement et que l'on y travaille pour que la science-fiction devienne réalité, à l'horizon de la deuxième moitié de la décennie 2030. Il se permet même une boutade et nous fait une promesse solennelle : « Mon rêve, ce serait d'aller vers Mars un jour. Je fais partie aujourd'hui des quelques candidats au voyage. Mais même si je ne devais pas faire partie de l'équipage, je vais vous faire une promesse, la plupart d'entre vous, sauf les plus de 85 ans qui ne verront pas 2030, verront de leur vivant une mission habitée vers Mars. »

Cette perspective folle et alléchante suppose des prouesses technologiques encore jamais réalisées. En effet, la distance entre la Terre et la planète Mars est de 20 à 50 millions de kilomètres en fonction de la configuration des planètes. Le voyage jusqu'à la planète rouge est donc très long, 910 jours environ pendant lesquels les astronautes seront enfermés dans une navette spatiale avec pour unique horizon le vide infini de l'espace. En plus des conséquences indéniables sur la santé physique et psychologique des futurs explorateurs, une telle mission requiert des compétences techniques extrêmement avancées puisque, pour une mission habitée, il faut poser 80 tonnes sur Mars quand le robot Curiosity ne pèse que 900 kilos. On pourrait alors se demander pourquoi ne pas se contenter d'y envoyer des robots et des sondes automatiques capables de faire des prélèvements et des analyses. La réponse est simple. Malgré les avancées spectaculaires offertes par ces bijoux de technologie, ils ne font pas le poids face aux humains. Thomas Pesquet fait une comparaison entre la mission Apollo 17, en 1972, et le robot Curiosity. Les astronautes ont exploré 36 kilomètres en trois jours et ont ramené 110 kilos d'échantillons de roche quand le robot Curiosity, lui, n'a que 50 mètres d'autonomie par jour et parcourt entre 5 et 20 kilomètres en deux ans pour seulement 70 échantillons de roche analysés sur la durée totale de la mission. L'astronaute français conclut sa démonstration par ces mots : « L'exploration, c'est avant tout une aventure humaine. On ne peut pas en ce moment avec l'état actuel de la technique remplacer la prise de décision et l'adaptabilité de l'homme dans une mission spatiale. »

Ainsi, au-delà du désir brûlant de l'homme de repousser sans cesse les limites, d'explorer toujours plus loin, aller sur Mars ne relève pas d'un caprice, mais est indispensable pour l'avancée de la science et de l'exploration spatiale. Plus encore, ce voyage vers l'inconnu nous permettra d'en apprendre davantage sur cette planète, la seule parmi tous les objets observés dans l'Univers qui a des conditions favorables à la vie. Thomas et son enthousiasme légendaire nous exposent les interrogations qui fascinent l'humanité depuis toujours et auxquelles un voyage sur Mars pourrait peut-être répondre : « Il faut bien comprendre que chercher et étudier la vie sur Mars peut nous permettre de répondre à des questions fondamentales du type : d'où venons-nous en tant qu'espèce ? Qu'est-ce qui nous attend dans le futur ? Comment la vie apparaît et surtout pourquoi elle disparaît ? Est-ce que la vie humaine est possible ailleurs et dans quelles conditions ? »

Afin de rassurer les sceptiques qui considèrent que le spatial est bien trop onéreux, l'employé de l'Agence spatiale européenne se livre à une dernière comparaison audacieuse avec le prix d'un ticket de métro, qui équivaut à notre contribution annuelle pour les vols habités européens. Thomas termine son intervention avec fougue : « J'espère vous avoir convaincus qu'il faut croire en l'exploration spatiale, qu'elle est bénéfique, qu'elle permet de se dépasser, de rêver un peu au-delà de son échelle individuelle, et ça l'homme en a bien besoin. »

Après ce baptême de communication à l'Olympia, au cours duquel Thomas Pesquet a pu montrer ses talents d'orateur, il est temps de reprendre son entraînement intensif dans un environnement nettement moins glamour. C'est au lac Fühlinger, près de Cologne, en Allemagne, que l'astronaute suit sa formation de plongeur-sauveteur en cette fin d'octobre 2012. Une fois encore, les nerfs des apprentis astronautes sont mis à rude épreuve par les instructeurs chargés de préparer minutieusement des scénarios plus stressants les uns que les autres… Les compétences de sauvetage sont évaluées, dans toutes les situations imaginables, avec toujours un effet de surprise. Ainsi, Thomas, dans son billet du 22 octobre 2012, « Formation de plongeur-sauveteur : quelque chose se cache sous la surface », nous livre une anecdote pour le moins déconcertante. Alors qu'il boit son café de bon matin, en terrasse, au bord du lac, la serveuse du restaurant voisin accourt, paniquée, en criant qu'il se passe quelque chose dans le lac… Rapidité de réaction, organisation des tâches, renforcement de la sécurité, toutes ces aptitudes font partie de l'apprentissage. Thomas raconte avec humour qu'au cours de cette formation, lui et ses acolytes ne sont jamais sereins : « Même lorsque nous profitons du barbecue avec les plongeurs, après avoir reçu nos certificats à la fin du tout dernier jour d'entraînement, discutant comment ces compétences nous aideront pour les missions vers Mars ou un astéroïde, nous gardons un œil ouvert pour déceler quoi que ce soit d'étrange. J'essaye même de compter discrètement chaque plongeur à tout moment, car nous ne serions pas surpris si nous devions abandonner nos assiettes, courir en direction du lac au son d'appels au secours, dans le cas où nous aurions perdu la trace, ne serait-ce que pendant une minute, d'un seul d'entre eux. »

Le rythme de l'entraînement reste aussi intensif à mesure que les mois et les années passent… Alors même que plusieurs de ses camarades de promotion ont déjà reçu leur affectation, Thomas attend toujours. Déjà quatre ans que le Français a été sélectionné par l'Agence spatiale européenne pour intégrer le corps des astronautes. Mais comme le lui avait préconisé Buzz Aldrin, à juste titre, dans ce métier, il faut savoir faire preuve de beaucoup de patience. Pour la plus jeune recrue du corps des astronautes 2009, les étoiles se font désirer. Et ce n'est ni une question d'âge, ni une question de performance… Mais pour des raisons bien plus pragmatiques. Alors que l'on pourrait penser que, dans l'exploration spatiale, les compétences scientifiques, techniques l'emportent sur le reste. Il n'en est rien ! Elle est sujette, comme tous les domaines d'activité humaine, à des considérations budgétaires et politiques. Ainsi, la station spatiale est, comme son nom l'indique, internationale. Ce qui ne signifie pas que tous les pays participent à parts égales dans la construction et la gestion de l'ISS. L'Agence spatiale européenne ne détient que 8,3 % des droits d'utilisation de la partie non russe de la station, calcul effectué en fonction de son implication dans la construction et l'entretien de l'ISS. Cette faible proportion ne lui permet d'envoyer en moyenne qu'un astronaute, trois à quatre mois par an, pour un équipage permanent de six personnes. Mais ce n'est pas tout ! À l'intérieur même de l'Agence spatiale européenne, les 22 pays membres ne contribuent pas tous à la même hauteur. En fonction de leur participation, les délais d'attente peuvent être plus ou moins longs. La France contribue à hauteur de 20 % à l'ESA, ce qui est une part significative mais pas suffisante pour obtenir rapidement un ticket pour l'ISS. Thomas devra encore attendre…

Ce n'est pas pour autant une raison de se tourner les pouces ! Le programme est toujours aussi chargé et la longue préparation l'emmène en 2013 de l'autre côté de l'Atlantique, dans le légendaire Johnson Space Center, à Houston, au Texas.

Si la Cité des étoiles, en Russie, est déjà mythique, alors que dire du centre de la NASA, que l'on retrouve dans toute la pop culture américaine et dans de nombreux films hollywoodiens. Pour tous les astronautes en herbe, aux quatre coins de la planète, le rêve commence à Houston. Créé en 1962, le centre assure la formation des astronautes ainsi que la gestion des missions habitées de la NASA. Le centre de contrôle a pour mission de surveiller la Station spatiale internationale et dispose de deux salles de contrôle. Vingt contrôleurs de vol assurent le contrôle de tous les vols de la navette spatiale et, dans la seconde salle, une douzaine s'occupe du suivi de toutes les activités à bord de l'ISS.

Dans un hangar, le Rocket Park, est entreposé celle qui a été la plus grande fusée de l'histoire spatiale. Saturn V n'a été détrônée qu'en 2021 par le Starship de la compagnie Space X. Longue de 110 mètres et pesant plus de 3 000 tonnes, Saturn V a envoyé des hommes sur la Lune, lors des dernières missions Apollo… Au sein du centre de formation, Thomas Pesquet poursuit son entraînement des sorties extravéhiculaires et peaufine ses connaissances des différents systèmes de la Station spatiale internationale puisque tous les modules de l'ISS y sont reproduits.

L'astronaute français poursuit sa formation outre-Atlantique en participant au programme de la NASA, NEEMO (Nasa Extreme Environment Mission Operations), dont l'objectif est d'isoler des groupes de scientifiques dans un milieu clos, afin d'étudier les comportements et réactions des personnes soumises à des conditions semblables à celle d'un équipage dans un vaisseau spatial sur une longue durée... Thomas Pesquet est désormais un habitué des expériences extrêmes, où ses réactions sont scrutées à la loupe. Cette fois-ci, ce sera encore en milieu aquatique puisque l'astronaute rejoint le sous-marin *Aquarius*, immergé à une vingtaine de mètres de profondeur, en Floride, à un peu plus de 9 kilomètres au large de Key Largo. Ce laboratoire sous-marin habitable, long de 14 mètres, est dédié à la recherche en science et en gestion des ressources côtières et océaniques, et peut accueillir six personnes.

Il est utilisé par la NASA depuis 2001 pour former les astronautes qui iront sur la Station spatiale internationale. *Aquarius* a une pression ambiante, c'est-à-dire que la pression atmosphérique à l'intérieur du laboratoire est la même que celle de l'eau environnante, ce qui permet aux membres de l'équipage d'y rester pour un temps long et d'effectuer autant de sorties à l'extérieur du sous-marin qu'ils le souhaitent, à la condition de rester à la même profondeur. Pour ce programme spécifique SEATEST II (Space Environment Analog for Testing EVA Systems and Training), Thomas Pesquet sera sous le commandement de l'astronaute américain

Joseph M. Acaba et aura comme compagnon son camarade de promotion le Danois Andreas Mogensen, mais aussi l'Américaine Kate Rubins et le Japonais Soichi Noguchi. Comme au sein de la station spatiale, les entraînements sont internationaux. Alors que son collègue Andreas passera quatre nuits dans le sous-marin afin de tester des procédures semblables à celles que l'on pourrait suivre dans l'ISS et de s'entraîner à des sorties extravéhiculaires, Thomas, lui, fait partie de l'équipe de soutien, à la surface, en tant que directeur de vol et responsable des communications. Sur le site de l'Agence spatiale européenne, dans l'article « L'aventure sous-marine SEATEST » publié le 30 septembre 2013, l'astronaute français se confie : « J'ai encore plus de respect aujourd'hui pour les personnes qui sont en coulisses – elles se soucient réellement de l'équipage et font tout ce qui est possible pour leur apporter du soutien. » Si, pour cette mission, Thomas ne s'est pas trop « mouillé » – au sens propre ! –, il aura bien vite l'occasion de plonger à son tour à bord de l'*Aquarius*.

L'entraînement intensif se poursuit sans laisser beaucoup de répit aux nouveaux astronautes. Pour Thomas, qui voit, un à un, ses camarades de promotion être retenus pour participer à une prochaine mission spatiale, l'attente devient presque insoutenable. Son collègue Andreas Mogensen, qu'il a assisté lors de sa préparation à bord de l'*Aquarius*, a déjà sa date de départ pour la station internationale, l'année suivante en 2015. Thomas sera d'ailleurs sa doublure, c'est-à-dire qu'il suivra la même préparation que son partenaire afin d'être prêt à décoller pour l'ISS dans l'hypothèse malheureuse où le Danois en serait empêché. Piètre consolation pour qui rêve d'aller tutoyer les étoiles... Parmi les six recrues de l'Agence spatiale européenne, Thomas est le tout dernier à devoir encore patienter. Il poursuit, avec la discipline dont il a toujours fait preuve, ses quatre heures de sport hebdomadaires, et s'astreint à son bilan de santé annuel extrêmement poussé. Rien ne doit être laissé au hasard, et Thomas doit garder une forme olympique afin de se tenir prêt.

Dans les starting-blocks depuis déjà cinq ans, Thomas bout d'impatience. Il n'attend qu'une chose, son affectation. Le jeune homme hyperactif ne tient plus en place. Et même si, bien sûr, il n'a absolument pas le temps de s'ennuyer, son désir d'aventure et d'infini grandit à mesure que le temps passe. Thomas se languit secrètement en regardant le ciel. Pour le gamin rêveur, le printemps est porteur d'un immense espoir.

8
La délivrance

Enfin, le 17 mars 2014, l'Agence spatiale européenne met fin à la très longue attente de l'astronaute français en annonçant officiellement son affectation à l'expédition 50/51, pour une prochaine mission de six mois à bord de la Station spatiale internationale, prévue deux ans plus tard, au mois de novembre 2016, avec deux astronautes chevronnés. L'immense Peggy Whitson et Oleg Novitski, lieutenant-colonel russe qui est, lui aussi, un habitué de la station, puisqu'il a déjà fait un premier vol en 2012 pour les expéditions 33 et 34. Dans sa bande dessinée, Marion Montaigne cite Thomas Pesquet qui fait part de son admiration pour ses deux camarades de vol : « Peggy a quasiment construit la station à elle toute seule et Oleg y est déjà allé… Je pense qu'on va former une bonne équipe. »

Cette fois-ci, le grand départ est proche. Ou presque. Pour Thomas, le soulagement fait bien vite place à l'excitation et à l'impatience. Encore deux longues années de préparation encore plus intensive avant de pouvoir décoller à bord de Soyouz. C'est d'ailleurs en Russie que Thomas poursuit sa préparation. Afin de maîtriser à la perfection la fusée russe, les astronautes doivent suivre une formation théorique de vingt semaines sur le fonctionnement du vaisseau. Les apprentis voyageurs de l'espace doivent apprendre à piloter la capsule tout en subissant des accélérations. Ils s'entraînent à supporter une force d'accélération au décollage de la fusée, qui correspond à multiplier son poids par trois ou quatre lorsque tout se passe bien… Un examen oral très solennel devant un jury d'instructeurs conclut cet apprentissage à la Cité des étoiles. Pas de quoi affoler la bête de concours française. Lors d'une épreuve pratique, les astronautes doivent, en équipe, montrer leurs compétences et leur adaptabilité aux situations imprévues. Comme toute agence spatiale, les Russes sont maîtres dans l'art d'élaborer des scénarios redoutables… Thomas, comme à son habitude, valide haut la main chacun de ses examens. Et peut donc passer à l'étape suivante : un nouveau stage de survie, en milieu aquatique ! Cette fois-ci, c'est en Russie, non loin de Moscou, que le futur astronaute s'exerce au mois de juin à amerrir avec Andreas Mogensen, qui décollera en 2015, et Sergueï Volkov, futur commandant de ce vol. Après deux journées de théorie, pendant lesquelles on leur apprend comment éviter que la capsule ne coule et comment s'en extirper en toute sécurité, tous les trois sont ensuite placés en situation concrète.

Engoncés dans leur combinaison, ils s'insèrent dans la capsule Soyouz, elle-même immergée sous l'eau… Alors que les instructeurs secouent la capsule afin de simuler des vagues, les astronautes doivent se contorsionner pour se changer dans cet espace exigu et enfiler les différentes couches de protection thermique. Après plus d'une heure et demie de manœuvre, les naufragés devront alors s'extraire de la capsule et se mettre en étoile en s'accrochant mutuellement les pieds, avec leur bouée et leur équipement de survie, et attendre tranquillement les secours… Une mission périlleuse, que Thomas retranscrit dans son journal de bord pour le site Ciel et Espace, dans son premier article, « Le plongeon du Soyouz », publié le 1er août 2014. Il revient sur cette expérience : « La difficulté, ici, est que trois personnes doivent se changer dans un espace qui n'est pas gigantesque. » Loin d'être gigantesque, puisque les trois astronautes sont contraints de se recroqueviller et de reproduire des mouvements dignes des plus grands contorsionnistes pour réaliser la moindre action… Après cette litote, Thomas explique qu'ils doivent enfiler les différentes couches de protection thermique, dont la combinaison nommée « truite » parce qu'elle est entièrement étanche ! Une fois qu'ils sont emmitouflés, la température du corps monte très vite, et il est donc indispensable de bien se ventiler. Si toutefois une situation d'urgence ne leur laissait pas le temps d'enfiler leurs protections thermiques, alors la combinaison spatiale peut être gonflée. Mais, dans ce cas, le froid glacial guette bien vite les astronautes…

Cette mission est à peine terminée qu'une nouvelle se profile pour Thomas, qui est loin d'en avoir terminé avec l'entraînement en milieu aquatique. Après ce stage de survie dans les eaux russes, retour en Californie, pour la mission NEEMO 18 à bord de l'*Aquarius*, du 21 au 29 juillet 2014. Cette fois-ci, Thomas ne se contentera pas de superviser les opérations depuis la surface, mais il plongera bien vingt mètres sous l'eau pour une durée de neuf jours dans la base sous-marine ! De quoi perfectionner ses aptitudes aquatiques… Et bien plus encore.

En effet, cette immersion dans l'*Aquarius*, avec deux scaphandriers préposés à la maintenance et quatre astronautes, ressemble à s'y méprendre aux effectifs présents à bord de l'ISS. Les six membres d'équipage sont organisés de la même manière que pour une mission spatiale. Tout est donc pensé pour recréer au mieux les conditions de vie dans l'espace. Mais la mission orchestrée par la NASA n'a pas pour seul objectif de préparer les astronautes à voler sur la station internationale.

En effet, cette formation n'est d'ailleurs pas obligatoire. Elle permet également de mener des expériences scientifiques pour préparer l'avenir et les missions au long cours sur des planètes lointaines… On est donc au cœur de l'exploration spatiale. Et du rêve déjà bien brûlant de Thomas Pesquet. Depuis toujours, le jeune rêveur veut voir loin, très loin, plus loin que ce que l'homme n'a encore jamais vu. Alors pourquoi pas Mars ?

Dans le deuxième épisode de son journal de bord, « Mars au fond de l'océan », Thomas raconte que ces missions sont tournées vers le long terme, vers « l'exploration humaine du système solaire ». Responsable de l'informatique et de la logistique, c'est à lui que revient de veiller à ce que chaque chose soit bien à sa place. Tâche qui peut sembler fastidieuse sur Terre, mais qui est, ô combien, primordiale dans l'espace ! Le responsable de « l'ordre » de cette mission explique : « On n'imagine pas à quel point le rangement est important dans ce genre de mission : dans l'ISS, il y a une énorme base de données où la moindre brosse à dents est consignée ! » Fort heureusement pour Thomas, sa mission n'est pas uniquement de contrôler la bonne tenue de la base sous-marine. Il est aussi en charge des sorties extravéhiculaires.

Voilà de quoi se préparer à la fois à celles qui l'attendront dans l'espace, et à rapprocher l'humanité de l'objectif Mars. Le premier scénario qu'il doit superviser est celui d'une exploration d'un astéroïde, sur lequel les astronautes doivent extraire des échantillons avec de nouveaux outils confectionnés par la NASA. Thomas Pesquet raconte les difficultés de la manœuvre : « Sous gravité nulle, avec des poids ajustés pour suspension, forer lorsqu'on est soi-même en apesanteur, ça n'est pas évident. Utiliser un marteau-piqueur, *idem*. D'autant que même lorsqu'on arrive à casser la roche, les échantillons se dispersent en flottant ! »

Pour le deuxième scénario, l'hypothétique exploration martienne se précise : il s'agit d'imaginer marcher sur le sol d'une planète de type Mars, en se repérant avec une boussole et une carte. Thomas a donc enfilé son scaphandre pour parcourir le fond de l'océan, muni de ces deux outils ancestraux. Selon lui, ce voyage dans les profondeurs aquatiques « était extrêmement dépaysant. Et le mot n'est pas assez fort ! » On imagine sans peine que l'exploration des fonds marins a quelque chose de magique. Pour le futur voyageur de l'espace, cette aventure extraordinaire au milieu d'une faune, encore en partie inconnue, n'est qu'un avant-goût de ses incroyables découvertes.

Après ces neuf journées en immersion dans le Pacifique, retour en Russie pour continuer d'explorer le Soyouz, qui n'a pas encore délivré tous ses secrets. Dès le mois d'août, Thomas retrouve Moscou, afin d'achever la formation théorique de son entraînement sur le vaisseau russe. Pour cette dernière partie, toutes les éventuelles failles sont passées au crible. L'astronaute étudie en profondeur le fonctionnement des systèmes d'urgence en cas de problème au lancement, d'un déclenchement défectueux des parachutes, de problème sur les rétrofusées de la capsule retour. Tout est envisagé pour éviter le pire. Dans l'exploration spatiale, l'adage « il faut se préparer au pire » pourrait se conjuguer au pluriel, tant les hypothèses, des plus improbables aux plus catastrophiques, sont imaginées et testées.

Une fois les leçons théoriques intégrées, il est grand temps de passer à la pratique et de se confronter pour la deuxième fois au mythique simulateur Soyouz. C'est aux côtés d'Oleg Skripotchka, qui assurera, lui aussi, la doublure de l'un des membres de l'équipage du prochain vol prévu en 2015. L'astronaute russe sera la « roue de secours » du commandant de la mission, Sergueï Volkov. Pour cette deuxième simulation, Thomas et son acolyte ont 26 séances de prévues, et pas moins de 18 pannes ! Encore une fois, les instructeurs se montrent fidèles à leur réputation : ne jamais laisser de répit aux astronautes. Dès qu'ils se croient en maîtrise, ils font face à un nouveau problème à résoudre. Thomas évoque ces situations d'urgence dans son journal de bord : « retour en urgence avec entrée balistique dans l'atmosphère, fuite d'air, faux signal de dépressurisation, altimètre hors service ». Une chose est sûre, les instructeurs ne manquent pas d'imagination… Comme le résume l'astronaute français : « Finalement, on s'en est sortis, mais ça pique un peu les yeux. » Malheureusement, ces situations d'urgence ne sont pas toujours fictives. Quelques jours plus tard, Thomas déjeune avec l'astronaute américaine Peggy Whitson, qui aura l'occasion de lui raconter son retour cauchemardesque de l'ISS, lorsque la capsule a atterri à 400 kilomètres de sa destination initiale.

Après cet été moscovite, Thomas rejoint Houston afin de se familiariser avec le fameux bras robotique de la Station spatiale internationale. Baptisé

Canadarm 2, le bras robotique, entièrement conçu par l'Agence spatiale canadienne, est long de 17,6 mètres et ne pèse pas loin de 2 tonnes. Élément indispensable au fonctionnement de la station – il a remplacé son prédécesseur, le 19 avril 2001 –, ce bijou de technologie assure notamment l'arrimage de la navette spatiale à la station. Il est piloté par deux astronautes depuis l'intérieur de l'ISS, un aux manettes, avec deux joysticks, dont l'un commande les mouvements de rotation et l'autre ceux de translation, et le deuxième en charge de toutes les procédures, de la communication avec le centre de commande au sol, et de la surveillance de la mission grâce à des écrans à cristaux liquides. Comme le dit Thomas dans son journal de bord, « deux paires d'yeux valent mieux qu'une » ! L'astronaute français a déjà suivi des cours théoriques à l'Agence spatiale canadienne, mais il lui faut désormais apprendre à manier cet engin dans des conditions qui s'approchent le plus de celles que l'on trouve dans l'espace. Et c'est loin d'être simple puisque les repères sont complètement modifiés. Le bras robotique permet de capturer des modules de ravitaillement, de déplacer des charges de 116 000 kilos, ou encore d'assurer la sécurité des astronautes lors des sorties extravéhiculaires. En effet, c'est au bout de ce bras que les astronautes s'accrochent afin de ne pas tomber dans le vide intergalactique… Ou pour mener des missions précises sur des zones difficilement accessibles.

Il est donc essentiel d'apprendre à maîtriser parfaitement son pilotage avant toute mission sur l'ISS. Celle de Thomas, si elle est encore loin, s'approche à grands pas et les préparatifs s'accélèrent. Il est déjà temps pour la NASA de recueillir précieusement toutes les mesures de l'astronaute français afin de lui concocter des vêtements spatiaux sur mesure. Dans l'espace, absolument rien n'est laissé au hasard, des chaussures de sport à la brosse à dents, tout est répertorié dans un catalogue dans lequel les astronautes font leur choix, dans la limite d'un volume de 25 litres et, bien sûr, sont proscrits tous les objets tranchants. Si l'on comprend parfaitement pourquoi des objets pointus peuvent être dangereux en apesanteur, certaines interdictions sont plus énigmatiques, comme les timbres ! Tout comme les miettes de pain, rigoureusement proscrites à bord de l'ISS, les petites dents des timbres sont sûrement redoutables dans l'espace.

Au cours de ce mois de septembre à Houston, Thomas Pesquet a également passé tous les examens indispensables sur les systèmes de l'ISS. L'astronaute explique qu'il existe trois niveaux de qualification, « utilisateur », qu'ils doivent obtenir pour chaque module de la station, « opérateur », nécessaire pour travailler dans un module, et enfin « spécialiste », qui permet de tout réparer dans le module. Chacun des astronautes a donc un niveau différent pour chaque module de la station. Thomas, lui, est désigné spécialiste pour les systèmes de support-vie : il devra donc savoir réparer tous les éléments en lien avec l'eau, le gaz, l'oxygène, et aura en charge la maintenance des scaphandres.

Depuis son affectation, Thomas a encore intensifié son rythme d'entraînement, en enchaînant les missions aux quatre coins du monde. Après cet été très intense, l'Agence spatiale européenne se montre clémente et lui accorde enfin un peu de repos, une semaine de vacances au début d'octobre. N'importe quel être humain normalement constitué profiterait de cette aubaine pour se reposer. Profiter de ce temps libre, si rare dans un emploi du temps constamment surchargé. Mais Thomas n'est pas comme le commun des mortels. Les vacances ne font pas partie de son vocabulaire. Alors, sitôt en congé, l'astronaute reprend son ancien travail, à bord d'un Airbus. Dans son journal de bord, le pilote se confie en toute simplicité : « J'en ai profité pour faire quelques heures de vol en Europe avec Air France, car j'aimerais conserver ma licence de pilote de ligne ! » Au cours de cette semaine de relâche, Thomas a le temps d'effectuer trois vols en Europe et d'impressionner les passagers, fiers d'avoir comme pilote celui qui sera bientôt aux commandes d'une fusée !

Mais le pilote n'a guère le temps de s'attarder à bord de l'Airbus. Car bien vite le devoir l'appelle et la préparation reprend de plus belle. C'est à Cologne, au Centre des astronautes européens, que Pesquet poursuit son entraînement en ce début d'automne. L'objectif est de maîtriser à la perfection le laboratoire européen Colombus de la Station spatiale internationale. La tâche est donc ardue : il lui faut connaître par cœur tous les systèmes du module, l'eau et le gaz, la communication, la télémesure, la télécommande. C'est dans ce laboratoire que l'astronaute devra effectuer des expériences scientifiques. Depuis l'ISS, l'astronaute aura une charge considérable de travail. Le programme quotidien sera au moins aussi intense que celui de sa si longue préparation. En effet, les astronautes ne partent pas pour la performance de voyager dans l'espace, mais bien pour faire avancer la science, grâce à de multiples expériences, effectuées en impesanteur. Au-delà de cette démarche scientifique essentielle, Thomas va aussi devoir donner de sa personne. Devenir astronaute est bien plus qu'un engagement professionnel, c'est un véritable sacerdoce. En effet, ce ne sont pas uniquement ses travaux qui bénéficieront à l'avancée de la connaissance scientifique, mais également lui-même ! Tout comme ses acolytes, en acceptant de partir pour la Station spatiale internationale, l'astronaute français consent à devenir un cobaye. Pour la science, observer et analyser un être humain en apesanteur est une source d'informations inestimable. Dans son journal de bord, Thomas explique que « toutes les expériences dans lesquelles l'astronaute est cobaye doivent recueillir son consentement. *Idem* pour celles qui pourraient lui poser un cas de conscience (celles qui impliquent des dissections animales, par exemple). À ma connaissance, aucun astronaute n'a jamais refusé d'être cobaye. » Pour Thomas, le moment est donc venu de signer toutes ces autorisations médicales. Chaque astronaute subira un nombre considérable d'expériences et d'examens médicaux pour faire avancer la science. Mais le futur voyageur de l'espace l'accepte volontiers, « cela fait partie du métier, et même ça me tient à cœur de participer à des recherches médicales dont les résultats pourront bénéficier à tous ». Thomas explique que, dans le cadre de sa mission doublure d'Andreas Mogensen, il participe à une expérience d'imagerie cérébrale pour mieux comprendre les connexions qui se forment dans le cerveau au moment d'un apprentissage. Il ajoute que les « astronautes sont des cobayes intéressants parce que le séjour dans l'espace implique une très grande adaptation sensori-motrice. » Cet investissement de chaque instant, propre sans doute à la folle destinée de ces aventuriers de l'extrême, est remarquable. Même si, bien sûr, voyager dans l'espace est un accomplissement personnel, un rêve d'enfant que l'on n'osait à peine effleurer, c'est aussi un sens profond du collectif, une conscience aiguë de faire partie d'une aventure plus grande, celle de la science et, plus encore, celle de l'humanité tout entière. Lors de l'émission « Les Rencontres du Papotin », diffusée sur France 2, Thomas revient sur cet aspect de la formation, pas toujours agréable ni gratifiant, mais dont il ne remet jamais en cause le sens : « Souvent, dans la préparation d'une mission, t'es entraîné dans une espèce de grande machine qui t'emmène un peu, et le corps et l'esprit. Il n'y a pas grand-chose que tu puisses faire, donc tu te dis, c'est bien, ça va m'emmener dans l'espace et c'est ce que je veux. Mais on te fait faire plein de choses, et tu te retrouves au centre de plein de choses que tu subis. Il y a beaucoup de passivité, et ça concerne aussi ton corps parce qu'on va te faire des biopsies, on te prélève des bouts de muscles, on te fait courir sur des tapis roulants, on te fait faire des tas de tests. » Malgré ce sentiment de passivité, parfois lourd à supporter, Thomas se soumet sans aucune difficulté à chaque nouvelle contrainte. Car au bout de ce long parcours du combattant, l'attend le rêve d'une vie.

9

Des airs d'espace

Si ces dernières semaines étaient essentielles pour sa formation, elles n'étaient peut-être pas des plus passionnantes. Fort heureusement, Thomas va bien vite pouvoir de nouveau assouvir sa soif de découverte et d'aventures. Dès le mois de novembre, l'astronaute décolle pour le Nouveau-Mexique afin d'effectuer un trek de deux semaines en montagne avec l'équipage américain de sa prochaine mission spatiale. Le sport, le grand air, les montagnes, un environnement que le Français affectionne depuis toujours. L'occasion également de mieux connaître plusieurs de ses compagnons de voyage. Cette mission a d'ailleurs pour objectif d'apprendre à vivre en groupe, à travailler en équipe, à communiquer. L'une des dimensions les plus difficiles dans la mission sur la station spatiale n'est pas tant le nombre de compétences techniques ni de connaissances à acquérir, mais d'être capable de cohabiter avec cinq personnes pendant une longue période, dans un espace clos. L'ISS est un huis clos qui ferait frémir Jean-Paul Sartre… Si l'homme est un animal social, il préfère tout de même choisir ses compagnons de vie et les moments où il les voit. Sur la station, les astronautes n'ont pas ce luxe. Ils doivent être à même de supporter les caractères des uns et des autres, et ce vingt-quatre heures sur vingt-quatre, dans des situations parfois extrêmes. Ces stages sont donc essentiels pour apprendre à se connaître, à s'apprécier, à rire ensemble, et surtout à se coordonner en cas de difficulté. Les astronautes sont sélectionnés sur des critères psychologiques, ils doivent être capables de faire preuve d'un sang-froid absolu, d'être calmes, sereins, mesurés en toutes circonstances. Faire fi des petits défauts des autres, et avoir une distance indispensable avec ses propres affects pour ne pas les faire peser sur les autres, et pour résister soi-même à des conditions extrêmes. Cependant, une personnalité ne se réduit pas à ces caractéristiques ! Il ne suffit pas de cocher des cases pour bien s'entendre. Comme le raconte Thomas, dans son instructif journal de bord, avant de rencontrer ses coéquipiers, il n'était pas certain que le courant passerait entre eux : « Avant de rencontrer l'équipe, je me posais évidemment des questions : est-ce que nous serons sur la même longueur d'onde ? Est-ce que nous aurons le même sens de l'humour ? » Il ajoute : « Comme il n'y a pas de coordination entre les différentes agences spatiales pour le choix des équipages, il y a toujours une part d'incertitude. »

Nous qui suivons sa trajectoire n'avons pas beaucoup de doutes sur sa capacité à attirer la sympathie. Car comment ne pas aimer Thomas Pesquet ? Avec son profil de gendre idéal, l'astronaute français n'a pas beaucoup d'aspérités et semble agréable en toutes circonstances. Drôle, curieux, intéressé par les autres, il n'est jamais hautain malgré son exceptionnel parcours. Celui qui deviendra bientôt l'une des plus grandes stars spatiales a tout pour plaire !

Au cours de ce trek, où les astronautes parcourent 12 kilomètres par jour, avec 25 kilos sur le dos, Thomas a pu découvrir la personnalité de l'icône Peggy Whitson, avec qui il décollera dans le Soyouz. En plus d'apprendre à se connaître, les collègues dévoilent aussi leurs petites habitudes : « On a découvert ensemble qu'elle était du matin et aimait se coucher tôt, alors que je suis exactement l'inverse : je me lève toujours au dernier moment, mais j'aime bien veiller tard ! C'est parfait car ça veut dire que, dans la station, chacun aura un moment pour soi. » Cette dernière remarque démontre une certaine naïveté que l'astronaute ne tardera pas à découvrir…

Il reste encore quelques mois à Thomas avant de faire l'expérience de la vie sociale dans l'espace. Et d'ici là, de longues heures d'entraînement et de nombreux préparatifs. Notamment au niveau vestimentaire, car, si la NASA lui a déjà proposé des vêtements pour vivre à bord de l'ISS, il lui faut encore choisir son scaphandre. Ou, plus précisément, prendre des mesures extrêmement détaillées afin de lui concocter sa combinaison spatiale avec la plus grande des précisions. À bord du Soyouz, les premiers cosmonautes n'avaient pas de tenue spécifique, mais en 1971, un accident au cours d'une rentrée atmosphérique a provoqué une fuite dans la fusée russe, tuant immédiatement l'équipage. Depuis, les astronautes portent tous une combinaison intravéhiculaire, à l'intérieur de Soyouz, qui les protège d'une éventuelle fuite. Et c'est l'entreprise Zvezda, près de Moscou, qui a la lourde charge d'équiper tous les astronautes au départ de l'ISS. Le « tailleur » officiel de l'espace assure une fonction essentielle et ne néglige pour cela aucun détail. Les couturiers fabriquent à la main chaque combinaison spatiale. Thomas Pesquet s'astreint donc, au mois de décembre 2014, à une séance de mesures digne des plus grandes stars hollywoodiennes. Pas moins de 126 mensurations sont nécessaires pour lui confectionner une combinaison exactement adaptée à sa taille et à sa corpulence. Sa tenue de cosmonaute doit être suffisamment confortable pour pouvoir supporter les fortes accélérations au décollage et à l'atterrissage. Afin d'être certain qu'elle lui ira toujours parfaitement le jour du départ, Thomas devra faire des essayages à plusieurs reprises avant le grand jour. Après cette longue séance, Thomas n'en a pas encore fini avec les essayages. Car sa combinaison n'est pas la seule à être sur mesure ! Son siège doit l'être également afin d'encaisser le choc de l'atterrissage. Avec la force d'accélération, la moindre aspérité pourrait s'avérer dangereuse. Thomas doit donc avoir un siège parfaitement compatible à son dos. Et, pour cela, il n'y a qu'une option : le moulage. Tous les astronautes s'immergent dans le plâtre en deux fois. Le haut du corps et le bas sont moulés séparément. Une autre spécificité de l'espace est prise en compte : les astronautes ne font pas la même taille à l'aller et au retour. En effet, en apesanteur, on grandit de quelques centimètres !

En plus du siège et de la combinaison portée à l'intérieur de Soyouz, Thomas Pesquet devra encore avoir un scaphandre afin de plonger dans le vide infini de l'espace. Une fois toutes ces mesures prises, il ne lui reste plus que celles de ses mains… Et il n'en faut pas moins de 96 par main ! Pour les sorties extravéhiculaires, les astronautes portent un scaphandre – il en existe de différentes tailles – ainsi que des gants, essentiels pour travailler avec dextérité et précision. Pour éviter qu'ils ne gonflent trop, ils sont dotés d'une plaque métallique posée contre la paume de la main.

Au début de 2015, Thomas est de retour à Houston, mais toujours en plein dans les mesures… Cette fois-ci, les ingénieurs de la NASA réalisent un moulage de son conduit auditif afin de créer des protections auditives pour se protéger du bruit permanent d'environ 70 décibels présent dans la Station spatiale internationale. Ce bruit de fond assez désagréable, puisqu'il correspond au bourdonnement d'un sèche-linge, est pourtant inévitable. L'astronaute français explique dans son journal de bord : « Le bruit est provoqué par les pompes où circule l'eau qui refroidit les électroniques, et les ventilateurs qui brassent l'air en permanence. Il y en a jusque dans nos couchettes ! Sans eux, le dioxyde de carbone de notre respiration s'accumulerait autour de nous et nous finirions par nous asphyxier. » Il n'est donc pas envisageable de le supprimer. En revanche, les protections auditives sont très utiles et efficaces. Dotées de haut-parleurs, elles ont donc un double emploi : boules Quies et oreillettes ! Thomas nous assure que « certains astronautes les conservent après leur mission. Elles sont parfaites pour le footing » !

En plus de se protéger les oreilles, Thomas profite de son séjour au Johnson Space Center pour peaufiner son entraînement aux sorties extravéhiculaires, avec un nouveau plongeon dans la piscine… Dix séances de plongée sont prévues jusqu'à son décollage. Dans cet immense laboratoire à flottabilité neutre, où les modules extérieurs sont presque entièrement reconstitués, les astronautes s'immergent de nombreuses heures afin de perfectionner leurs gestes et d'apprendre toutes les opérations de maintenance qu'ils devront effectuer dans l'espace. Mais aussi, bien sûr, de se préparer à réagir à tout type de situation d'urgence susceptible de se produire. Pour cette session, Thomas a la chance de profiter de l'expérience de son collègue de l'Agence spatiale européenne, Luca Parmitano, qui a déjà effectué une mission sur l'ISS, de mai à novembre 2013. Thomas explique dans son précieux journal de bord à quel point il est difficile de se mouvoir et d'effecteur des gestes, même très simples, engoncés dans un scaphandre, avec une visibilité extrêmement réduite : « Nos mouvements sont limités – il faut se battre contre le scaphandre – si bien que la zone sur laquelle on peut intervenir est en gros un cube de 80 centimètres de côté face à nous. De plus, avec la visière du scaphandre et l'ordinateur que l'on porte en ventral, notre champ de vision est restreint ! En latéral, mais surtout de haut en bas puisque, par exemple, on ne voit pas sa ceinture ! »

À la fin du mois de janvier, après les États-Unis, Thomas Pesquet fait un crochet par son pays et plus précisément sa ville natale, à l'occasion des Forums régionaux du savoir, dont le thème cette année est particulièrement éloquent : « L'exploration spatiale, une aventure pour l'humanité ». Voilà de quoi inspirer notre meilleur orateur spatial ! Ce 29 janvier 2015, à Rouen, la foule se presse devant l'hôtel de région. Pas moins de 420 personnes ont fait le déplacement pour assister à la conférence de celui qui sera bientôt le 10e Français à s'envoler dans l'espace vers la Station spatiale internationale. Parmi les curieux, de nombreux élèves du lycée Corneille, où Thomas a effectué sa prépa. Toujours soucieux de transmettre sa passion de l'espace, l'astronaute prend le temps de rencontrer et d'échanger avec eux, mais aussi avec des élèves de son ancien lycée, le lycée Arago, à Dieppe. Ce souci constant de partager au plus grand nombre – et plus particulièrement à la jeunesse – sa ferveur, son enthousiasme, mais aussi, bien sûr, ses connaissances, contribue grandement à expliquer à la fois la future extraordinaire popularité de Thomas Pesquet, mais également cet engouement puissant qu'il a su créer pour l'espace et, plus largement, pour la science.

Véritable ambassadeur de sa discipline, l'astronaute livre à chaque occasion un plaidoyer vibrant pour l'exploration spatiale et deviendra bientôt une icône, source inépuisable d'inspiration pour les jeunes générations. Très au fait des nouvelles technologies, Thomas est à l'aise avec les moyens modernes de communication, et notamment les réseaux sociaux qui lui serviront d'extraordinaire lien entre ciel et Terre. Il se crée une véritable communauté sur Twitter, qui ne va cesser de grandir pour atteindre plus d'un million et demi d'abonnés ! C'est d'ailleurs sur Twitter que « Thom_astro » lance un concours pour déterminer le nom de sa mission, au mois d'avril 2015. Chaque astronaute européen choisit le nom de sa mission, qui doit ensuite être validé par l'Agence spatiale européenne. Mais Thomas a le sens du partage et a bien compris comment utiliser les réseaux sociaux. Il raconte dans son journal de bord : « Je trouvais que c'était une bonne idée de faire participer les gens et je n'ai pas été déçu. » Parmi les 1 377 noms que lui ont proposés les internautes, le choix de Thomas se fixera sur une étoile, dans la droite lignée des astronautes français : Altaïr pour Jean-Pierre Haigneré ou Antarès pour Michel Tognini.

Dans l'optique de soigner la communication, le jeune astronaute français n'hésite pas à se rajouter du travail. Alors que la formation de radioamateur n'est pas indispensable au travail d'un astronaute, Thomas obtient une qualification à Houston qui lui permettra de communiquer en direct depuis l'ISS avec n'importe qui, aux quatre coins du monde, pendant une dizaine de minutes, lorsque la station spatiale passera à proximité d'un point du globe. Thomas accordera quelques minutes de son précieux temps libre pour échanger avec nous autres, simples terriens… Lui ne le sait peut-être pas encore, mais cette mission sera, ô combien, appréciée du grand public !

Tout en soignant avec beaucoup d'application cette partie du métier, qui a pu être négligée par certains de ces prédécesseurs, la communication, Thomas poursuit, bien sûr, les étapes de sa préparation pour l'espace, avec notamment l'apprentissage des techniques médicales d'urgence et autres spécificités du secourisme dans l'espace. En plus d'être capables d'effectuer les gestes de premier secours, mais aussi certaines interventions médicales, comme réaliser un point de suture, poser une perfusion ou encore arracher une dent, les astronautes doivent pouvoir réaliser ces gestes en impesanteur ! Or l'absence de gravité a des conséquences insoupçonnées. Thomas nous donne l'exemple d'un massage cardiaque qui ne ressemble pas beaucoup à celui que l'on doit effectuer sur Terre. En effet, il est impossible de se servir de son poids pour appuyer sur le thorax de la victime.

L'astronaute français explique : « On ne peut pas se servir de son poids, et comme chaque poussée dans un sens se traduit par une poussée inverse, il faut ruser. Dans l'ISS, par exemple, la technique consiste à mettre les pieds au plafond, à attacher le patient à un banc de l'autre côté et à pousser avec les bras. » Afin de parfaire cette formation, Thomas effectuera un stage à Cologne dans le service des urgences d'un hôpital. Ce stage de trois jours permet aux astronautes de se confronter à des situations réelles et d'effectuer certains gestes. Thomas aura ainsi l'occasion d'intuber lui-même un patient, de faire des prises de sang ou encore des auscultations. Cette expérience lui apportera encore davantage confiance en la médecine et en la résistance du corps humain. Ce qui n'est pas inutile au vu de ce qui l'attend en impesanteur…

Au Centre des astronautes de la NASA, à Houston, Thomas se familiarise avec la vie quotidienne à bord de la station. Notamment des choses aussi primaires et primordiales que faire ses besoins. Dans l'espace, on utilise des « toilettes spatiales » extrêmement sophistiquées pour parer au mieux les conséquences de l'absence de gravité… Les astronautes doivent donc aussi s'entraîner à cette tâche pour le moins banale sur Terre, mais qui ne l'est plus du tout dans l'espace !

Question nourriture, de nombreux aliments sont rigoureusement proscrits pour éviter qu'ils ne se transforment en dangereux projectiles dans l'espace. Tout ce qui ressemble de près ou de loin à du pain est formellement interdit. Les miettes pourraient indéfiniment planer dans la station et venir se loger dans l'œil, la gorge d'un astronaute, ou obstruer une bouche d'aération… Pour Thomas, il faudra donc se passer de l'un des piliers de la gastronomie française, la traditionnelle baguette. Ses plats sont concoctés majoritairement par la NASA, mais elle lui offre le loisir de choisir son *bonus food*, c'est-à-dire un plat dont il raffole et qu'il aimerait savourer souvent dans l'ISS. Pour cela, les agences spatiales voient les choses en grand. Le chef Alain Ducasse a développé pour le CNES de nombreuses recettes spécialement conçues pour l'impesanteur. Le seul problème : Thomas Pesquet aime tout et ne sait que choisir…

Une fois ces ajustements culinaires en place, l'astronaute retourne à la Cité des étoiles, à Moscou, afin de s'exercer encore et toujours au pilotage de Soyouz. Pour sa mission, Thomas sera copilote et devra être capable d'assurer toutes les phases de vol, si toutefois le commandant n'était pas en mesure de le faire. Ce sont les rentrées atmosphériques qui sont les plus périlleuses et qui demandent le plus d'entraînement dans la terrible centrifugeuse… Entre deux simulations, l'astronaute passe ensuite à la deuxième étape de son relooking spatial. Après les séances de mesure, place à l'essayage ! Le scaphandre russe Sokol, dont le nom signifie « faucon », pèse une dizaine de kilos et doit être essayé à l'intérieur même du Soyouz, pendant plusieurs heures et sous pression ! On est tout de même assez loin du défilé de mode… Mais il faut ce qu'il faut pour être certain de rester en vie, même en cas de dépressurisation à l'intérieur de la fusée.

Thomas s'envole ensuite pour le Japon, dans le centre spatial de Tsukuba, au mois de juin 2015, avant de faire un bref séjour en France pour un événement qui lui tient particulièrement à cœur et qui lui permet de poursuivre sa deuxième mission : communiquer. Le Salon international de l'aéronautique et de l'espace, au Bourget, est le rendez-vous incontournable de tous les amoureux de l'espace. Pour Thomas, c'est d'abord un souvenir d'enfance, un de ceux qui ont peut-être contribué à lui forger ce destin dans les étoiles. Son père l'y a emmené une première fois quand il était gamin, pour prolonger un peu le voyage à bord de sa fusée en carton. Thomas y est ensuite retourné sous différentes casquettes : en tant qu'ingénieur du CNES, comme pilote d'Air France, et enfin comme astronaute. Il raconte, dans son journal de bord, toujours avec humour et un brin d'irrévérence, qu'il avait suggéré au directeur de l'ESA qu'à son prochain passage il serait à sa place. Mais c'est bien en tant qu'astronaute prêt à décoller dans l'espace qu'il y retourne en 2015 et se prête, avec plaisir, au jeu des interviews et des innombrables questions…

C'est ensuite à Cologne que l'aventurier est attendu, cette fois-ci non pour préparer sa mission, mais celle d'Andreas Mogensen, la première quinzaine de septembre, dont il est la doublure. Il doit se familiariser avec les expériences scientifiques dont son collègue aura la charge. L'été qui s'annonce est encore bien chargé, même si Thomas Pesquet a tout de même deux semaines de vacances, avec notamment un examen à

Moscou à la Cité des étoiles au mois de juillet, sur la rentrée atmosphérique en pilotage manuel de la capsule Soyouz. Thomas s'exerce à la respiration abdominale – bien connue des comédiens –, seule solution pour lutter contre l'accélération pendant le freinage. Thomas explique dans son carnet de bord : « Comme on tourne le dos au bouclier thermique et à la Terre pendant la descente, on a un peu l'impression d'avoir un éléphant sur la poitrine pendant le freinage ! »

Au cours de l'été, Thomas rejoint, pour la première fois, la mythique ville du Kazakhstan, dans la base de lancement de Baïkonour, pour préparer le départ d'Andreas et se tenir prêt, si jamais un quelconque incident l'empêchait de décoller pour l'ISS. Administrée par la Russie, en échange d'un joli loyer versé au Kazakhstan pour la modique somme de 115 millions de dollars par an, et ce au moins jusqu'en 2050, la cité kazakhe s'est construite autour de son cosmodrome, devenu incontournable dans la conquête spatiale. Créé en 1955, le cosmodrome de Baïkonour, construit au beau milieu des steppes, s'étend sur plus de 650 kilomètres. Initialement conçu afin de lancer des missiles balistiques intercontinentaux de l'URSS, il s'est ensuite imposé dans la course vers les étoiles, avec les premiers satellites artificiels en orbite, puis le premier homme dans l'espace et, bien sûr, les vols habités russes, avec tous les lancements de la fusée Soyouz. Le site dispose de nombreux équipements qui lui permettent d'être autonome, comme des usines de fabrication de carburant.

Lorsque Thomas arrive sur ce lieu légendaire, là où Youri Gagarine s'est envolé pour l'inconnu, là où il a lancé la grande histoire de l'humanité dans l'espace, l'astronaute ressent déjà qu'il s'inscrit dans les pas des géants. Même si ce n'est pas encore son tour, Thomas est à l'endroit où la Terre rejoint les étoiles. Cet immense centre spatial regorge de tant d'histoire qu'il ne laisse personne indifférent. Même les plus imperturbables des hommes. Et, parmi eux, les astronautes, choisis notamment pour leur capacité à contenir leurs émotions, à rester de marbre en toutes circonstances. Thomas raconte ses premières impressions dans son fidèle journal de bord : « Baïkonour est conforme à la légende : c'est un centre spatial immense, absolument plat, perdu au milieu de nulle part à trois heures de vol de Moscou, et où des pas de tir qui semblent désertés sont visibles de loin en loin sous un soleil écrasant. Depuis que je suis arrivé ici il y a trois jours (entre parenthèses, dans un avion différent de celui de l'équipage principal, pour ne pas perdre deux équipages en cas de crash…), je n'ai pas encore réussi à me défaire de cette impression de Far West. »

Un Far West envoûtant, qui sera bientôt le lieu de son envol vers l'infini…

10
Mission Proxima

Pour l'instant, Thomas doit se concentrer sur sa mission spatiale : suppléant. Et ce n'est pas rien ! Car si ce n'est pas encore lui qui s'apprête à s'envoler pour la station spatiale, les conditions sont strictement les mêmes. Dans le cas où il devrait remplacer Andreas Mogensen en dernière minute, il est indispensable de respecter exactement les mêmes règles, de se plier aux mêmes contraintes drastiques. En un mot, de faire exactement comme s'il allait lui-même embarquer dans la capsule Soyouz le 1er septembre. Pour sa propre mission, c'est un entraînement grandeur nature.

Thomas respecte donc une quarantaine stricte, avec des visites extrêmement limitées et une interdiction formelle de serrer la main à qui que ce soit afin de ne pas apporter une maladie contagieuse dans la station internationale. Souvenons-nous que nous sommes encore dans une ère pré-Covid, où le mot « quarantaine » évoque le Moyen

Âge… Ensuite, les astronautes découvrent la capsule Soyouz qui les embarquera pour l'espace. Cette fois-ci, pas de simulateur, mais le véritable vaisseau responsable de leur survie dans ce voyage extraordinaire.

Après des essais de la nourriture spatiale russe, qui fait encore la part belle aux boîtes de conserve, Thomas, l'hyperactif, doit se résoudre à beaucoup d'attente. De longues heures à patienter, à arpenter la célèbre allée des arbres plantés par tous les astronautes depuis les prémices de l'exploration spatiale. Encore un lieu fortement symbolique, une infime partie de l'immense attirail de rituels russes, dont la fonction est autant de rendre hommage à leur glorieuse histoire spatiale que de conjurer le mauvais sort. Car les drames font malheureusement partie intégrante de l'aventure de l'homme dans l'espace. Et aussi cartésiens que soient les astronautes et tous les scientifiques qui œuvrent à ce que ces incroyables exploits deviennent réalité, les rites ont malgré tout une place dans cet univers extrêmement rationnel. Dans cet univers de chiffres et de protocoles extrêmement codifiés, se loge tout de même une petite part de superstition.

Jusqu'à la dernière minute, Thomas est aux côtés de son acolyte. Il assiste aux adieux déchirants d'Andreas avec ses proches, derrière la vitre, avant de le voir s'envoler vers l'espace. Dans quelques mois, Thomas sera à sa place, à l'intérieur de la fusée Soyouz, prêt à décoller en direction de la Station spatiale internationale.

Après cette mission de doublure, presque un essai grandeur nature, retour à l'entraînement pour Thomas. Au Johnson Space Center, à Houston, l'astronaute français retrouve ses deux collègues Peggy Whitson et Oleg Novitski afin de s'exercer aux situations d'urgence dans l'ISS. Après les nombreux scénarios sur les problèmes de décollage ou d'atterrissage avec la fusée, il est temps d'envisager d'éventuelles failles dans la station. Pour ne pas paniquer pour rien, un système de voyants lumineux de différentes couleurs permet de connaître la dangerosité du problème à bord de l'ISS. Un voyant vert indique un problème ni grave ni urgent, un voyant jaune une panne à réparer mais sans caractère d'urgence, un voyant rouge implique une réaction immédiate de l'équipage. Le niveau d'au-dessus est un simple mot, *emergency*, qui indique une urgence absolue et vitale.

Évidemment, c'est sur cette dernière hypothèse que les astronautes se préparent le plus. Trois principaux types d'urgence vitale peuvent se produire dans la station. Pour chaque scénario, des procédures très précises, de la protection à l'évacuation de l'ISS, sont apprises rigoureusement par tous les astronautes. Le premier cas critique serait que l'air de la station devienne irrespirable à cause d'un gaz toxique. Thomas l'explique dans son journal de bord : « Notre principal ennemi, c'est l'ammoniac. Il n'est pas présent à l'intérieur de la station spatiale, mais est utilisé à très haute pression dans son système de contrôle thermique. Si, pour une raison ou une autre, une de ses canalisations venait à fuir, il pourrait entrer dans le circuit d'eau, avec lequel il est en contact, et le faire exploser. L'ammoniac pénétrerait alors à l'intérieur des modules, sous forme de gaz mortel. » Voilà une hypothèse peu réjouissante, mais pour laquelle Thomas, Peggy et Oleg se préparent et savent exactement comment réagir. Notamment en se réfugiant dans la capsule Soyouz, véritable canot de sauvetage pour les astronautes.

La deuxième situation d'urgence absolue est l'incendie à bord de la station. L'équipement électrique est considérable, et bien que tous les éléments présents dans l'ISS soient ignifugés, un accident n'est jamais impossible. Et se protéger du feu dans l'espace n'est pas une mince affaire ! En impesanteur, les flammes forment des boules que les astronautes devenus pompiers doivent affronter avec leur extincteur… Enfin, la dernière situation d'urgence est la dépressurisation à l'intérieur de l'ISS. Comme sur un bateau, une fuite peut devenir fatale… Les navigateurs traquent les voies d'eau pour trouver l'origine de la fuite et espérer la reboucher, et si la situation devient critique, alors il leur reste le canot de sauvetage. Les astronautes, eux, doivent prendre la fuite au plus vite dans leur propre canot de sauvetage, Soyouz, avant que la pression ne descende trop bas.

Fort heureusement, le pire n'est jamais certain. Mais les astronautes doivent connaître par cœur les procédures d'urgence pour optimiser leurs chances de survie.

Après cet entraînement nécessaire mais un poil anxiogène, place au rêve… Thomas s'exerce à utiliser le scaphandre EMU qu'il portera lors d'une éventuelle sortie dans l'espace. Et, là encore, le scénario catastrophe n'est jamais loin. Pour éviter l'errance perpétuelle dans le vide infini au cas où les deux sangles qui relient l'astronaute en sortie extravéhiculaire à l'ISS se détacheraient, le scaphandre est muni d'un joystick afin de pouvoir le manœuvrer. C'est dans le laboratoire de réalité virtuelle que Thomas s'exerce à cette énième procédure d'urgence. Là encore, le scénario ressemble à des films de science-fiction bien connus, puisque Thomas tourne sur lui-même, loin de la station. L'astronaute français nous explique que la première chose à faire est de briser ce tourbillon, au risque qu'il ne s'arrête jamais…

Après Houston, un petit détour par Paris, le temps de donner une conférence de presse très attendue… Le 12 novembre 2015, Thomas Pesquet est attendu au ministère de l'Éducation nationale, de l'Enseignement supérieur et de la Recherche afin d'annoncer, enfin, le nom qu'il a choisi parmi ceux que lui ont suggérés les internautes. L'engouement pour la prochaine mission de celui qui est en passe de devenir notre héros national ne cesse de croître. Autant dire que la conférence de presse est suivie de près par tous les aficionados de l'espace… Et ce sera Proxima, qui provient de l'étoile Proxima du Centaure, l'étoile la plus proche du Soleil, nom qui a été proposé par un jeune Toulousain de

13 ans, Samuel. Le jeune garçon aura la chance de recevoir une récompense de l'astronaute, c'est-à-dire un petit morceau de son blason qui sera allé dans l'espace… Thomas Pesquet, dans sa combinaison bleue, explique devant un parterre de journalistes : « J'ai choisi Proxima parmi 1 300 propositions françaises et européennes. Je voulais m'inscrire dans la tradition des vols habités français, qui a toujours eu des noms d'étoiles et de constellations. » Pour l'astronaute français, Proxima est « une métaphore de l'exploration spatiale », puisque finalement les étoiles ne sont pas si loin… Il explique : « Proxima est la plus proche étoile de notre Soleil et c'est la destination la plus logique pour un voyage en dehors de notre système solaire. Proxima fait également référence à la façon dont les vols habités sont proches des gens sur Terre. » Thomas y voit également un moyen de montrer le lien fort qu'il veut créer avec son public. Cette proximité qu'il veut « maintenir avec les gens, en termes de résultats scientifiques, afin que cela serve à la population ». La pédagogie, un moteur puissant que Thomas porte en lui depuis toujours, sans doute grâce à ses parents, tous les deux enseignants. Résolument de son temps, pour le plus jeune astronaute recruté par l'Agence spatiale européenne, Proxima signifie aussi son désir de « partager cette expérience à travers les réseaux sociaux, les vidéos que l'on fera à l'intérieur de la station pour essayer d'embarquer les gens avec nous ». Il ne sait pas encore à quel point il nous embarquera avec lui…

En même temps qu'est dévoilé le nom choisi par Thomas Pesquet, le public découvre le logo de sa prochaine mission spatiale, sur lequel l'astronaute français a travaillé avec une graphiste. Pour le perfectionniste en chef, chaque détail doit faire sens. La couleur bleue symbolise, bien sûr, notre chère planète. Le mot Proxima est au centre d'un cercle, le X évoquant le fait que Thomas soit le 10e astronaute français à s'envoler pour l'ISS, mais aussi l'inconnu. Au-dessus, trois petites lignes, bleue, blanche et rouge, évoquent bien sûr sa nationalité, mais représentent aussi l'ISS. Deux planètes et un satellite figurent autour du nom Proxima, sans doute la Lune avec, d'une part, la Terre et peut-être, de l'autre, Mars... Enfin, des lignes entrecoupées partent du centre et rejoignent l'extérieur du cercle, comme autant de traînées d'étoiles qui évoquent les futurs voyages spatiaux.

Désormais que le nom de la mission et le logo sont révélés au grand jour, le décompte peut réellement commencer, car, dans un an, Thomas sera à 40 kilomètres de la Terre... Cette date anniversaire est l'occasion d'une interview pour revenir sur sa préparation avec les équipes de BFM TV, le 19 décembre 2015. L'astronaute aborde toutes les facettes de ce long entraînement et évoque les difficultés de son extraordinaire préparation : « Le plus dur, c'est de faire tout à la fois, parce qu'il y a l'entraînement technique, il faut parler russe, il faut aussi être en forme, donc c'est une heure ou deux de sport par jour, beaucoup de voyages entre les différents centres des agences partenaires. Il faut faire beaucoup de choses à la fois, et garder le contact avec sa famille, avec les siens, ce n'est pas toujours facile. » Thomas ne garde pas que des mauvais souvenirs de ce parcours du combattant. Il revient sur ses extraordinaires découvertes et les moments qui l'ont le plus marqué. Le premier qu'il évoque est le vol parabolique effectué à Bordeaux-Mérignac pour découvrir la sensation d'impesanteur : « c'était l'euphorie pure ». Ensuite, viennent les stages de survie en conditions extrêmes, qui lui ont permis de vivre des choses exceptionnelles, de dépasser ses limites et de se découvrir soi-même. Pesquet aborde ensuite ses principales appréhensions : celle de commettre une erreur qui mette en péril une expérience de sa mission et, plus intime, la crainte qu'il arrive quelque chose à ses proches pendant son absence. Cette frayeur-là est partagée par tous les astronautes car, malheureusement, en six mois de vie, la Terre continue de tourner et les drames d'arriver. Des années plus tard, après sa deuxième mission dans l'espace, Thomas Pesquet reviendra sur cette inquiétude profonde et partagée par tous, dans l'émission « Les Rencontres du Papotin » : « Il peut arriver des choses à ta famille pendant que t'es dans l'espace. Et ça, c'est le pire. C'est ce qui fait peur à tout le monde. On n'a pas envie qu'il y ait un accident de voiture, un décès, quelque chose de tragique qui se passe pendant que tu es là-haut. Parce que, toi, tu ne peux rien faire. Et toi, il faut que tu continues à fonctionner, à faire ta mission, à être efficace. Moi, ça ne m'est pas arrivé, je touche du bois. J'ai un collègue astronaute, il a perdu sa maman. Sa maman est morte pendant qu'il était dans l'espace. C'est difficile, il a continué sa mission. »

Le sacrifice de ces hommes hors du commun est immense. Et mérite bien les hommages nationaux. Thomas Pesquet est donc reçu officiellement à l'Élysée par le président de la République, François Hollande, qui lui remet un drapeau de la France, ainsi qu'une copie de l'accord sur le climat signé lors de la COP21, afin que l'astronaute l'apporte dans l'espace. Une rencontre est prévue au retour de Thomas sur Terre, pour vérifier quels engagements ont déjà été respectés. Après cette rencontre très solennelle, Thomas Pesquet passe les fêtes de fin d'année avec ses proches avant d'entamer la dernière ligne droite vers le grand saut dans l'inconnu !

L'année 2016 commence à peine que Thomas reprend le travail. Cette fois-ci, l'entraînement se focalise plus particulièrement sur les expériences scientifiques dont il aura la charge à bord de la station. Désormais, le pilotage de Soyouz n'a plus aucun secret pour l'astronaute, et il connaît chaque recoin de l'ISS comme sa poche. Il est donc temps de se concentrer sur le travail qu'il aura à accomplir une fois dans l'espace, même s'il doit continuer à s'entraîner, notamment à plonger en scaphandre pour s'exercer aux sorties extravéhiculaires, à la fameuse centrifugeuse, mais aussi à manier le bras robotique à Houston, ainsi qu'à Tsukuba, au Japon, avec un autre bras robot. Rien que de très banal dans le quotidien d'un astronaute en préparation ! Mais, au mois de février, Thomas va pouvoir vivre l'un de ces moments inoubliables qu'il affectionne particulièrement : un stage de survie. Et pas n'importe lequel, le plus emblématique de tous, trois jours et deux nuits avec Peggy Whitson et Oleg Novitski, désormais inséparables compagnons de voyage, au beau milieu de la Sibérie. Une fois encore, il s'agit de se préparer à un atterrissage de la capsule Soyouz dont la trajectoire a été modifiée. Avec leur kit de survie, qui contient de la nourriture, cinq litres d'eau, du matériel pour pêcher, une machette, un fumigène, un miroir à signaux, un téléphone satellite, un GPS, une radio et, bien sûr, l'indispensable trousse à pharmacie, les astronautes doivent survivre jusqu'à l'arrivée des secours, à savoir, dans l'hypothèse la pire, trois jours après l'atterrissage… Thomas, Oleg et Peggy enfilent toutes les couches de vêtements pour se protéger du froid à l'intérieur de la capsule, construisent un tipi avec la toile du parachute, utilisent des éléments de Soyouz pour fabriquer des traîneaux et, surtout, créent des liens indestructibles entre eux. Thomas raconte dans son journal de bord à quel point ce stage de survie revêt une symbolique puissante : « Au-delà des techniques de survie, l'intérêt de ce stage est d'apprendre à se connaître dans des situations hors du commun. C'est aussi, il faut bien l'avouer, une sorte de rite d'initiation. Une tradition à laquelle les Russes ne dérogeraient pour rien au monde. » L'astronaute français précise avec son éternel humour : « D'ailleurs, l'équipement n'a pas beaucoup changé depuis les années Gagarine ! Vous ne trouvez pas qu'on a tous un look très années 1960 sur les photos ? »

Au mois d'avril 2016, Thomas essaie pour la première fois son scaphandre EMU dans les conditions réelles, c'est-à-dire dans une chambre à vide du Johnson Space Center, à Houston. Pour se préparer à une sortie extra-véhiculaire, les astronautes doivent passer des paliers de décompression, exactement comme lors d'une plongée. Durant cette très longue phase, Thomas tue l'ennui grâce à une projection privée du film *Seul sur Mars* ! Une fois dans le vide, l'astronaute a pu tester les fonctionnalités de son scaphandre, mais aussi faire quelques expériences amusantes, comme voir l'eau bouillir à seulement 17 degrés, et vérifier la devinette ancestrale sur ce qui pèse le plus lourd entre la plume et le plomb. Il raconte dans son journal de bord : « J'avais une bille de plomb et une plume, je les ai lâchées en même temps : elles sont tombées à la même vitesse ! Comme l'avaient compris Galilée et Newton, c'est bien l'air qui freine la plume dans sa chute. » Après avoir vérifié par lui-même les lois de la gravité, il est déjà l'heure de préparer son bagage pour l'espace ! À presque six mois du départ, il lui faut déterminer ce qu'il emportera dans l'ISS à l'intérieur de son CBT, Crew Transfer Bag, qui dépasse à peine le volume d'une valise cabine. Et Thomas a de la suite dans les idées… Dans son sac digne de celui de Mary Poppins, il accumule souvenirs, objets symboliques et hommages en tout genre : sa ceinture noire de judo, *De la Terre à la Lune* de Jules Verne, un drapeau français, son galon de pilote d'Air France, toute l'œuvre de Saint-Exupéry, des insignes normandes et tant d'autres merveilles… Son « bagage à main » qu'il emportera avec lui sur Soyouz, avec les quelques objets qu'il fera voyager dans l'espace, ne devra pas dépasser un kilo et demi.

Si le départ n'est pas encore pour tout de suite, il se rapproche à grands pas. Au début de l'été 2016, Thomas est de nouveau doublure d'un équipage dont le départ est prévu le 7 juillet. Avec Peggy et Oleg, l'astronaute français passe ses examens de pilotage à la Cité des étoiles, puis de nouveau la quarantaine à Baïkonour, avant de retourner une dernière fois à Houston avant le décollage et de dire au revoir à ses instructeurs… Avant le grand jour, sept examens finaux attendent Thomas, Peggy et Oleg, à la Cité des étoiles. Ces sept examens sont la porte d'entrée pour les étoiles… Ou du moins, Soyouz et l'ISS.

11

Le grand saut vers l'ISS !

Après deux semaines passées à Cologne, au Centre des astronautes européens, pour travailler sur ses futures expériences scientifiques, il est temps pour Thomas Pesquet de rejoindre la base de lancement de Baïkonour. Mais, cette fois-ci, c'est lui, le héros… Après sept longues années de préparation, d'entraînement intensif, d'apprentissage de milliers de procédures, de voyages aux quatre coins du monde, on imagine à quel point l'impatience, l'exaltation et l'appréhension se bousculent dans son esprit. Bien sûr, l'astronaute est fidèle à son caractère, et reste stoïque et professionnel. Lors de sa dernière conférence de presse, il répond avec beaucoup de précision aux nombreuses questions, sans jamais se laisser déborder par ses émotions. Il termine par ces mots, qui témoignent à la fois de son sérieux et de son excitation : « C'est comme un marathon qui s'accélère, mais on est prêts. Cette fois, c'est sûr, on va vraiment être catapultés tous les trois dans l'espace ! »

Thomas entame sa quarantaine, qu'il connaît désormais bien, avec calme et concentration. Dans son journal de bord, le Normand explique qu'il ne ressent aucune pression particulière. Enfermés dans le centre, les astronautes vivent dans une bulle avec les instructeurs qui s'occupent d'eux. Hors de question d'emporter un virus dans l'espace. Pour Thomas, cette quarantaine est aussi « un sas entre notre vie sur Terre et la vie dans l'espace ». Le 2 novembre, les trois astronautes quittent le centre pour tester l'intérieur de Soyouz, en combinaison. Le 11 novembre, une deuxième sortie leur est accordée, cette fois-ci pour visiter Soyouz accroché sous la fusée ! Les jours se succèdent dans une lente monotonie, entre soins, massages, préparation de playlists musicales, sans oublier les incontournables rites russes, comme la plantation d'un arbre dans l'allée où tous les astronautes depuis Youri Gagarine ont planté le leur.

Le 17 novembre au matin, Thomas s'apprête à vivre la journée la plus extraordinaire de sa vie, celle dont il se souviendra jusqu'à son dernier souffle. Dans la matinée, il a le droit à une dernière rencontre de plus d'une heure en tête à tête avec sa compagne. Et, très vite, le devoir l'appelle. Une fois encore, cette journée est marquée par les rituels, comme autant de bons présages avant de quitter notre planète. La foule est nombreuse devant l'établissement où séjournent Thomas, Oleg et Peggy. Avant de quitter leur hôtel sous les acclamations du public, les astronautes doivent signer de leur nom la porte de la chambre de leur illustre prédécesseur, Youri Gagarine, et recevoir la bénédiction des popes russes. Dès que les portes de l'hôtel s'ouvrent, les astronautes s'avancent sous les crépitements des photographes et s'engouffrent dans le car qui les conduit d'abord dans le bâtiment 254 du cosmodrome, où ils vont enfiler leur combinaison spatiale. Que ressent Thomas Pesquet en répétant ces mêmes gestes, mille fois effectués avec minutie, mais qui ont aujourd'hui une importance primordiale ? Une fois engoncés dans leur combinaison, les trois astronautes ont quelques précieuses minutes pour échanger avec leurs proches, une dernière fois. Séparés par une vitre épaisse, ils discutent grâce à des micros. Ce moment fort et intime n'est pourtant pas très privé puisque les caméras du monde entier immortalisent ces images. On perçoit chez Thomas, le seul des trois pour qui c'est une grande première, l'excitation, la concentration, le stress et sûrement une once d'appréhension. Ses proches, eux, retiennent leurs larmes. Difficile d'être serein en pareilles circonstances. L'aventure spatiale n'est pas encore anodine, et la tension est palpable chez toutes les personnes présentes dans le cosmodrome.

L'heure tourne et, pour Thomas et ses deux collègues, il est temps de rejoindre le car qui doit les déposer, cette fois-ci, au pas de tir, à une trentaine de kilomètres de l'hôtel. À 23 h 20, Oleg Novitski, le commandant de Soyouz, ouvre la marche, suivi de Thomas Pesquet et de Peggy Whiston. Dans la foule, parmi les nombreux journalistes et les proches des trois explorateurs, on distingue d'anciens astronautes français, comme Jean-François Clervoy, ou Claudie et Jean-Pierre Haigneré. Dans la nuit noire et par une température glaciale, l'équipage du Soyouz fait ses derniers pas sur Terre pour rejoindre le bus. Une fois à l'intérieur, Thomas pose sa main contre la vitre, dessine un cœur et envoie un baiser à sa compagne. Un dernier geste d'affection avant de s'envoler dans les étoiles.

Alors que le public attend à 1 300 mètres du pas de tir, les trois membres de l'équipage s'installent à bord de la capsule Soyouz MS-03. Recroquevillé dans l'espace exigu, Thomas Pesquet ajuste sa visière et se prépare à vivre l'expérience la plus extraordinaire de son existence.

À 21 h 20, un éclair illumine soudain la nuit noire du Kazakhstan. Plus rapide que le son, la lumière annonce le décollage de la fusée. Quelques secondes plus tard, on perçoit les fumées des quatre propulseurs avant qu'un vrombissement puissant, comme une énorme explosion, ne rugisse dans la nuit. La terre tremble, les moteurs s'emballent, la fusée s'élance dans le ciel à plus de 2000 kilomètres-heure. Thomas s'envole dans l'espace !

À terre, le spectacle est époustouflant. Et extrêmement impressionnant. Thomas Pesquet racontera, dans l'émission « Les Rencontres du Papotin », que le décollage est bien plus effrayant pour les spectateurs que pour les astronautes, à l'intérieur de la fusée. Il explique que, pour ses proches, le décollage a été très éprouvant : « Ce sont des flammes, c'est comme une explosion, c'est la terre qui tremble. C'est super impressionnant pour les gens qui restent. Nous, on est dedans, c'est moins impressionnant pour nous. Mais, pour les gens qui regardent, ça fait très, très peur. »

Neuf minutes après le décollage, le Soyouz gagne son orbite et atteint sa vitesse de croisière, 28 000 kilomètres-heure. Les astronautes peuvent respirer et se détendre. Et attendre patiemment l'arrivée de leur capsule sur l'ISS. Habituellement, le voyage ne dure que six heures, mais les astronautes partent à bord d'une version récente du vaisseau Soyouz, et le centre de contrôle a opté pour la prudence. L'équipage n'atteindra la Station spatiale internationale qu'après deux longues journées, le temps de faire 34 fois le tour de la Terre ! Pour l'astronaute rouennais, cette arrivée sur orbite restera gravée dans sa mémoire comme son tout premier souvenir de l'espace. À la journaliste Pauline Normand, qui l'interroge pour Brut, Thomas évoque ce moment inoubliable : « L'arrivée en orbite, c'était quand même assez dingue. On est au-dessus du Pacifique, déjà, en partant de Russie, parce que ça va assez vite. Et je me rappelle devoir me tordre le cou, pour voir un peu, essayer de faire mon boulot sur l'écran de contrôle, et essayer de voir quand même ce qui se passe et de dessiner sur ma documentation de bord – documentation papier encore dans le Soyouz à l'époque, maintenant ce sont des iPad, des tablettes –, je me souviens d'avoir dessiné la forme des îles que je voyais en me disant "plus tard, je vais prendre une carte et essayer de me souvenir de quelle île il s'agit". Évidemment, je n'ai jamais retrouvé parce que c'était tout petit. »

Quarante-huit heures après le décollage, le 19 novembre 2016, à 22 heures, le vaisseau Soyouz s'amarre à la Station spatiale internationale.

12
Enfin en haut

Le plus dur est fait, mais il faut encore prendre son mal en patience, car entrer dans la station proprement dite met un certain temps. Pour patienter, Thomas contemple l'immense paquebot flottant. Il savait à quoi s'attendre, mais entre la théorie et la pratique, il y a mille pas. En contemplant l'ISS, le Français se remémore tous les vaisseaux spatiaux qui peuplent son imaginaire, ceux des grands films hollywoodiens qui ont bercé sa jeunesse. C'est comme si le Destroyer impérial de *Star Wars*, la Deep Space Nine de *Star Trek* ou le Nostromo d'*Alien* étaient soudainement là, tout près. Bien évidemment, la fiction rend tout plus gigantesque et se fiche des proportions. Avec ses 108 mètres de longueur, la Station spatiale internationale aurait des allures de naine à côté de la première étoile de la Mort de Palpatine et ses 160 kilomètres de diamètre mais là, sous les yeux de Thomas, c'est bel et bien réel.

Après de très longues minutes, la porte du SAS séparant Soyouz de l'ISS s'ouvre enfin. Les anciens de la mission 50 ont réservé un accueil digne de ce nom aux trois arrivants. Déjà sur place depuis plusieurs semaines, l'Américain Shane Kimbrough – dont on brossera le portrait un peu plus loin – est entouré de deux cosmonautes russes, Sergueï Ryjikov et Andreï Borrissenko. Le premier effectue sa première mission dans l'espace tandis que le second, natif de Saint-Pétersbourg, est un vétéran expérimenté. Les trois hommes prennent le temps de faire découvrir à Thomas la multitude d'espaces et de recoins qui composent l'immense station.

Voilà dix-huit années que le géant de ferraille est en orbite autour de la Terre, mais l'histoire de la station est beaucoup plus ancienne. Dans les années 1960, en plein contexte de guerre froide, les Américains ont la volonté de placer leurs hommes en permanence en orbite basse. Mais les problèmes budgétaires et les visions différentes des présidents américains successifs ralentissent la mise en œuvre d'un projet ambitieux. Entre-temps, les Soviétiques font un pas de géant en lançant leur propre station, Mir, en 1986. Avec l'effondrement de l'URSS à l'orée des années 1990, c'est tout l'ordre mondial né après la Seconde Guerre mondiale qui est bousculé. Le temps n'est plus à la confrontation, mais bien à la coopération. Sur les ruines du bloc soviétique va germer l'idée d'une grande aventure internationale commune, l'ISS.

Déjà, entre 1995 et 1998, onze astronautes américains séjournent dans Mir, preuve d'une réelle détente entre les anciens rivaux. À la fin de 1998, le chantier de la future station est lancé, et rassemble les Américains, les Russes, les Canadiens, les Japonais ainsi que onze pays européens, dont la France. Tous montrent de la bonne volonté et se veulent coopératifs. Ainsi, la NASA accepte de changer l'inclinaison de la future station afin de permettre aux capsules russes, dont les Soyouz, de naviguer sans changer leur plan d'orbite. Le premier module de l'ISS est russe et est lancé en novembre 1998, suivi de près par le module américain Unity. En juillet 2000, un module permet d'envisager l'hébergement d'un premier équipage, et la station est placée sous le commandement alterné des deux anciens ennemis de l'Est et de l'Ouest. Évidemment, l'ISS doit faire face, dès ses débuts, à de grosses contrariétés. L'accident de la navette Columbia, en 2003, une tragédie qui frappe la NASA et coûte la vie à sept Américains, va ralentir le projet. Durant un an et demi, la Station spatiale internationale est quasiment abandonnée. Son orbite est dégradée, son ravitaillement considérablement impacté, et la présence humaine est ramenée à deux personnes. Le nouveau millénaire pointant le bout de son nez, l'ISS doit faire face à de sérieux problèmes logistiques. La Russie est en pleine récession, et les budgets deviennent incontrôlables côté américain. De vraies innovations sont abandonnées, et les nouveaux modules tardent à arriver. Pour faire face à la crise, la NASA est obligée de faire appel à des partenaires et constructeurs privés qui vont relancer la machine pour faire évoluer le projet dans le bon sens.

Lorsque Thomas découvre l'ISS – l'un des plus grands laboratoires de l'humanité et la tête de pont des futures explorations de la Lune et de Mars –, la structure offre près de 900 m³ dont 400 habitables. La majeure partie de la station est de fabrication occidentale – américaine, européenne et japonaise –, et une petite partie, environ un quart, forme le bloc russe, qui reprend pas mal d'éléments de Mir. Les deux ensembles sont reliés par le module Unity de la NASA. Autour d'une colonne vertébrale de 50 mètres de long et composée de cinq modules, viennent se greffer d'autres modules, ajoutés au cours du temps, sur les côtés, en dessus et en dessous de l'axe principal. Timide et hésitant, Pesquet a besoin d'être guidé pas à pas dans la découverte de ce qui va devenir sa maison pour de très longs mois. Les difficultés sont nombreuses, et le Rouennais les évoque sans détour dans son journal particulièrement suivi : « Au début, bien sûr, on est un peu désorienté et malhabile. D'abord, contrairement aux maquettes sur lesquelles on s'entraîne sur Terre, il n'y a ni haut ni bas ici. Ensuite, il faut apprendre à maîtriser l'apesanteur et faire attention à ne pas trop prendre de vitesse lorsqu'on se déplace. On se cogne facilement. Mais l'adaptation ne dure que quelques heures. »

Après avoir rapidement pris ses marques, le dixième Français de l'ISS prend le temps de rassurer les siens, pétris d'angoisse au sol. Anne et la famille Pesquet au grand complet ont quelques minutes seulement pour prendre des nouvelles de leur cher Thomas, flottant à des centaines de kilomètres au-dessus de leurs têtes. Le temps est compté, il s'agit juste d'entendre la voix chaude de leur proche. Thomas a mille et une choses à faire et, face à l'immensité de la tâche, le jeune homme a besoin d'être totalement disponible et opérationnel. Il le sait, le manque des siens se fera sentir à un moment ou à un autre, la solitude viendra taquiner la psyché, et il faudra faire front coûte que coûte. Le meilleur moyen pour contrer le spleen qui pourrait pointer le bout de son nez à tout moment est de se mettre au boulot. Par chance, Thomas n'en manque pas. Le programme d'expériences à mener est relativement copieux, varié et chronophage. Au total, ce sont plus de cent objectifs qui lui ont été assignés par le CNES et par les autres contributeurs internationaux. À ce travail effectif s'ajoute la compréhension des obligations et du rythme de vie à bord de la station et, dans ce domaine, le scientifique tâtonne.

Les journées sont calibrées et répondent à des rituels institués depuis fort longtemps. Si les Français ont la réputation d'être un peu allergiques à l'autorité, Thomas fait preuve d'une discipline étourdissante pour le commun des mortels. Le réveil s'effectue aux alentours de 6 heures du matin, mais Pesquet aime bien traîner un peu. Pour gagner de précieuses minutes de sommeil, le Normand préfère largement engouffrer son petit déjeuner à la va-vite. S'ensuit une conférence avec les équipes au sol, qui permet de tracer les contours et les objectifs des travaux à mener. Chacun sait ce qu'il a à faire, pas de place pour l'improvisation. Au cours de la matinée, chaque astronaute doit prendre deux heures pour entretenir sa condition physique. Ce temps est indispensable, car la vie en apesanteur affecte considérablement les organismes. Après le déjeuner, rebelote. On expérimente, on teste, on s'échine, on entretient sa condition physique et ce jusqu'au dîner. Dix heures par jour, les hommes et femmes de l'espace sont sur le pont et, aux alentours de 22 heures, tous tombent dans les bras de Morphée. Lorsqu'ils ne travaillent pas, les astronautes ont un réel besoin de recharger les batteries. Le repos est une donnée essentielle, car dans ce marathon de plusieurs mois, la fatigue n'est pas envisageable. On lit, on somnole, on joue à quelques jeux, on écoute de la musique, histoire de se détendre. Chacun a ses rituels, ses petites obsessions. Pour Thomas, littérature et cinéma sont les meilleurs alliés.

Se reposer est incontournable, tout comme rester propre en toutes circonstances. La toilette des astronautes suscite énormément de curiosité pour nous qui sommes solidement cramponnés au sol. De la curiosité et un brin d'amusement, car le matériel utilisé à bord de la station a de quoi nous faire glousser, même s'il répond aux particularités et aux nécessités physiques de la vie dans l'espace. Ainsi, pour aller aux toilettes, Thomas et ses congénères doivent s'accrocher à l'aide de sangles. Afin de viser juste et d'empêcher toute perte qui viendrait souiller les équipements et l'air, femmes et hommes disposent d'un tuyau dont le contenu est récupéré. Autre curiosité, on se lave à l'aide de lingettes et le dentifrice est comestible.

Les repas répondent eux aussi à des normes et à des spécificités propres à la station. Conserves et plats lyophilisés constituent le pain quotidien. Pain qu'on ne peut d'ailleurs pas déguster, car les miettes seraient de véritables fléaux si elles venaient à perturber les systèmes de ventilation. Dépendants des ravitaillements par cargos, les équipages doivent avoir un œil en permanence sur les quantités, et veiller à manger sain et équilibré. Heureusement, ils peuvent compter sur l'aide de nutritionnistes et de grands chefs qui concoctent des plats délicieux et sains leur permettant de tenir leurs engagements dans un contexte extraordinaire.

Soumis à l'apesanteur et aux radiations, les corps sont durement éprouvés lors de séjours longs. Le sommeil est perturbé, le goût se perd, les muscles s'atrophient, les risques de cataracte augmentent. Face à ces perturbations, le sport est incontournable. C'est pour cette raison aussi que bon nombre d'expériences menées à bord visent à améliorer les capacités de résistance et d'adaptation humaines lors de séjours spatiaux. Pour viser plus loin, Mars notamment, il est nécessaire d'améliorer les conditions de vie et de limiter drastiquement les risques.

Depuis qu'il a la certitude d'être de passage sur l'ISS, Thomas est devenu une sorte d'attraction pour tous les Français. On a suivi son parcours, son entraînement, la moindre de ses sorties médiatiques. Cette fascination pour le jeune et bel astronaute va trouver son point d'orgue durant son séjour à bord de l'ISS. La curiosité et l'intérêt vont laisser place à la fascination et à la passion : l'hiver 2016 voit naître une véritable Pesquetmania.

Le Rouennais est intelligent, bien éduqué, bel homme, et surtout très connecté et très partageur. Chaque jour ou presque, il fait partager ses impressions, ses sensations, ses travaux et surtout de merveilleuses photos de la Terre vue de l'espace. Doté d'un humour piquant mais toujours bienveillant, d'une conscience des enjeux écologiques et d'une véritable passion pour son métier, l'astronaute parvient à conquérir en quelques semaines le cœur de centaines de milliers de Français de tout âge, de toute origine et de toute condition. Enfant de son époque, il utilise tous les moyens technologiques à sa disposition pour partager ses découvertes, pour émerveiller, surprendre et interpeller ses semblables. L'astronaute n'est plus un héros ou un ovni, un être à part dont on commente le départ et l'arrivée, souvent extraordinaires. Il n'est plus cet Achille des Temps modernes, demi-dieu à la Gagarine ou figure mythique à la Armstrong. Thomas est ce petit gars qui nous ressemble un peu, tour à tour copain, prof sympa et gendre idéal. Il amène le lointain au plus près, fait de l'espace notre terrain de jeu et de curiosité à tous.

En découvrant la Coupole, ce module italien permettant de voir la Terre comme personne au monde ne peut la voir, Thomas l'ignore, mais il va contribuer à enchanter des millions de personnes à travers le monde. De ce perchoir aux multiples hublots, l'enfant d'Auffay nous permet de voir l'invisible. Muni de son appareil photo, il mitraille en tous sens notre planète, baladant son œil sur sa Normandie natale, mais aussi sur les mégalopoles, les déserts, les forêts et les océans. Tout nous semble plus proche, plus accessible. Reporter de l'irréel, Pesquet shoote le quotidien, ses collègues, ses espaces de travail. Nous ne voyons pas seulement l'ISS, nous sommes à bord. Ce sens du partage, teinté d'une modestie non feinte, fait connaître l'aventure spatiale en temps réel. Le mystère et le voile sont levés, et Thomas devient un maître en communication. Son fil Twitter est largement suivi, et chaque cliché charrie un lot considérable de commentaires, la plupart enthousiastes. Les célébrités du sport, de la musique, du cinéma et des médias échangent avec l'astronaute dans un climat de joie et de légèreté. Du basketteur Tony Parker au réalisateur de *Kaamelott* Alexandre Astier, tout le monde aime Thomas Pesquet.

13

Au-dehors du monde

Nous sommes le 13 janvier 2017 et il est 13 heures. Dans quelques secondes, le sas va s'ouvrir, et Thomas va vivre l'expérience la plus extraordinaire de toute son existence, flotter dans l'espace. Une dernière vérification sur l'imposant scaphandre, un dernier regard en direction de Shane. L'Américain semble confiant, tout va bien. Cet instant, Pesquet l'a attendu depuis des années, une éternité même. C'est là, c'est maintenant. La lourde porte s'ouvre, il faut sortir. Thomas raconte dans son journal : « Quand j'ai franchi le sas, ma première sensation a été une impression de chaleur et de lumière. On est sortis pendant le jour, directement exposés aux rayons du Soleil. J'ai immédiatement baissé ma visière dorée. »

Thomas prend le temps de respirer. L'immensité qui l'entoure est vertigineuse, il n'y a pas de fin.

Sous ses pieds, le vide, un vide aux relents de chaos et d'infini. Cramponné à sa ligne de vie qui le relie à la station qui file à 28 000 kilomètres-heure, le Français est un moucheron perdu dans l'Univers. À l'écoute de ses sensations, il se concentre sur la mission qu'il doit remplir avec son partenaire. Thomas et Shane ont un peu plus de six heures pour changer les batteries des panneaux solaires. Voilà l'objectif et rien, pas même la beauté crépusculaire qui l'entoure, ne doit gêner cet objectif : « Pendant une sortie extravéhiculaire, on n'est pas là pour faire du tourisme. Alors, même si on a envie d'admirer la Terre et le ciel, on se concentre sur le travail à réaliser. Et on est très attentifs à nos déplacements, car il faut veiller à ne rien abîmer. »

Malgré quelques petites frayeurs et une oscillation des températures allant de -150 à + 100 degrés, les compères progressent avec précaution et agilité. Les batteries sont installées en un temps record, ce qui surprend les équipes au sol. De nouveaux ordres arrivent donc pour Thomas et Shane, qui appliquent les consignes au pied de la lettre. Quelques bricoles non urgentes et la prise de photos pour la maintenance viennent s'ajouter aux objectifs initiaux, ainsi que le déplacement de matériel destiné à contrer les météorites. Après 5 heures et 58 minutes dans les abysses du monde, Thomas regagne le sas sans encombre, sous le regard émerveillé de centaines de milliers d'internautes du monde entier qui ont assisté en direct à la première sortie de l'astronaute français. Oleg et Peggy se dirigent vers le sas afin d'aider Shane et Thomas à enlever leur encombrant accoutrement. Cette partie du boulot est loin d'être une mince affaire, car il faut vérifier chaque centimètre de la combinaison. Une petite éraflure, une petite déchirure qui passent à l'as peuvent entraîner des conséquences funestes lors d'une prochaine sortie. Tout en sueur, Thomas est heureux. Il sait que ce moment est une chance extraordinaire, le Graal pour tout astronaute. Il l'a fait, ça y est. Il est allé dans l'espace lui-même, pas seulement à bord d'un vaisseau. Comble du plaisir, il s'est octroyé dix minutes pour prendre quelques photos. Des souvenirs gravés dans sa mémoire et sur la pellicule à tout jamais.

Après 196 jours à mener des expériences sans relâche entouré de ses camarades au destin hors du commun, après deux sorties extravéhiculaires, Thomas doit désormais repartir vers la Terre, cette Terre qui lui a tant manqué. Au moment de prendre place à bord de sa capsule Soyouz, c'est désormais l'ISS qui lui manque déjà. Ce monde à part, ses codes, son rythme, la vue imprenable sur l'infini, tout est solidement inscrit dans son esprit et dans son cœur. La fraternité et les rires avec ses compagnons, les moments de joie, la tension lors de l'EVA avec Shane… tout défile dans sa tête. Tant bien que mal, Pesquet tente de noircir quelques lignes dans son journal, les dernières de cette mission Proxima : « Je sais que mes camarades vont me manquer. Vivre si proches pendant des mois, partager des expériences exceptionnelles, cela crée des liens forts, pour toujours. Je sais aussi que quand je serai au sol, je me dirai : “Ah, quand est-ce que je pourrai retourner là-haut ?” »

Avant de revenir, il faut d’abord rentrer. Seuls Thomas et Oleg font le voyage. Peggy, elle, reste dans la station encore quelque temps. L’étreinte entre les trois amis est emplie d’émotion. Le Français et son homologue russe sont désormais dans leur vaisseau, qui largue les amarres et se détache de l’ISS. Le Soyouz fond dans la nuit profonde et se dirige vers son port d’arrivée, la Terre. À 140 kilomètres d’altitude, l’engin pénètre dans l’atmosphère. Il reste quinze minutes avant l’atterrissage. À travers le monde, des milliers de curieux suivent seconde par seconde ce retour. Dans le fief toulousain du CNES, le président Emmanuel Macron, fraîchement élu, ne veut rien rater de cet exploit. Les parachutes s’ouvrent, la vitesse est désormais descendue à 22 kilomètres-heure. À 5 kilomètres de la surface, le bouclier thermique de la capsule est largué. Oleg et Thomas, bringuebalés en tous sens, ont du mal à distinguer le sol. Pour que l’atterrissage se fasse en douceur, le Soyouz est équipé de petites rétrofusées. La capsule touche Terre, enfin. Il est 16 heures passées de dix minutes.

Une équipe d’intervention au sol vient chercher les deux hommes. On les installe sur des chaises longues après les avoir aidés à s’extirper du vaisseau. Les cliquetis des appareils photos se font entendre, les moteurs des caméras tournent. Un peu sonnés, un peu perdus, les hommes de l'espace sourient. Ça fait partie du job. Muni d'un téléphone satellite, Thomas rassure Anne, qui est à l'autre bout du combiné. Tout va bien, tout s'est bien passé. Un autre interlocuteur souhaite lui parler. C'est le président de la République en personne, qui vient témoigner de son admiration au nom de tout un pays, de tout un peuple. Heureux, le héros a désormais besoin de repos.

Jeune et en bonne santé, Thomas recouvre ses capacités en un rien de temps. Un nouveau chantier est face à lui, participer au grand bal médiatique. Bien qu'il ait conscience de l'impact de son long séjour dans l'espace auprès des gens, Pesquet n'a pas bien mesuré le nouveau statut qui est le sien. Deux semaines après son retour sur Terre, il est la star incontestée du prestigieux Salon du Bourget, le grand rassemblement des professionnels de l'aéronautique. Après de longs mois d'isolement, le monde lui apparaît trop bruyant, trop envahissant, trop présent, comme il aime le répéter. Sans tomber dans l'agoraphobie, il est vrai qu'une déferlante de visages, de sons, d'odeurs peut perturber un homme habitué au silence. S'il remplit ses obligations – tout le monde veut le voir –, il est bien heureux de prendre quelques jours de vacances au mois d'août.

Destination Serre-Chevalier, dans les Hautes-Alpes. La nature, le grand air, du sport et surtout des retrouvailles avec Anne et ses proches, à l'abri des regards et des sollicitations. Le Thomas terrien est un homme simple, un bon vivant qui aime s'entourer de ceux qu'il aime. Ce repos du brave est de courte durée. Dès l'automne, il reprend la route pour raconter son périple et son aventure à des fans qui n'attendent que ça. Le 11 octobre, c'est chez lui, à Rouen, qu'il fait son grand retour. Dans l'arène du Zénith, ils sont plus de 8 000 à attendre l'enfant du pays, la fierté de toute une région. Affable et souriant, il conte en détail sa mission, fait rire son ancien prof de mathématiques présent dans la salle, salue les cousins et cousines venus en nombre. La terre de son enfance est aussi celle de son triomphe. De Rouen à Dieppe, il prend le temps de rencontrer les jeunes et moins jeunes. Le 8 novembre, l'astronaute est à Auffay, ravissant petit village à mi-chemin entre la métropole normande et la mer. La commune a décidé de créer un jardin public qui porte son nom, et c'est tout naturellement que Thomas vient l'inaugurer. Ses anciens voisins sont là ainsi que les amis de la famille et les gamins du village. Tous l'écoutent lorsqu'il prend la parole : « Je pense aux années heureuses que j'ai passées ici, à l'école puis au collège. Je pense à tous ces instituteurs et institutrices que j'ai eu la chance de croiser et dont certains ne sont malheureusement plus là. Je remercie tous ces hommes et toutes ces femmes parce que j'ai eu l'impression de recevoir beaucoup. Il se trouve que mes parents étaient aussi dans l'Éducation nationale, mais j'espère que ce n'est pas pour cela que j'ai eu des bonnes notes ! »

Qu'il soit en présence d'enfants de son village ou d'étudiants de Toulouse, en compagnie de lycéens pour la Fête de la science ou auprès des Indiens Kogis de Colombie dans le cadre de l'émission de Frédéric Lopez, « Rendez-vous en terre inconnue », Thomas est un homme passionné par l'échange, la coopération et la transmission. Curieux des hommes et du monde qui l'entoure, l'astronaute poursuit sur Terre ce qu'il a accompli dans le ciel, partager pour faire avancer l'humanité. L'année 2018 qui s'achève au sol n'est qu'une énième variation de cette vocation. Bien qu'il ait apprécié parcourir les routes, il sait que son chemin doit le mener ailleurs, plus haut, là où il prend toute sa mesure, l'espace.

14
Génération ISS

Le réveillon du jour de l'An laisse quelques traces sur les organismes mais, pour Thomas, l'année qui s'ouvre n'est pas à placer sous le signe de l'oisiveté et du repos. Depuis quelques mois déjà, la rumeur enfle dans les longs couloirs de l'Agence spatiale européenne. Il est de plus en plus probable que Pesquet, la fierté nationale, serait de retour plus vite que prévu à bord de l'ISS. Frédérique Vidal, ministre en charge de l'Enseignement supérieur et de la Recherche scientifique, est la première à évoquer la possibilité d'une nouvelle expédition de Thomas.

Dans l'ambiance feutrée et atypique du Muséum national d'histoire naturelle de Paris, l'ancienne maître de conférences de l'université Sophia-Antipolis égrène les lapalissades devant la communauté scientifique à moitié endormie. Les vœux de bonne année ne sont pas des moments de franche rigolade, mais lorsque Vidal prononce le nom de Pesquet, les têtes bien faites aux cheveux argentés redoublent d'attention : « Nous avons le privilège d'avoir une recherche d'excellence – largement reconnue à l'échelle internationale et confirmée tant par le rayonnement des institutions que par celui des figures les plus visibles. Je pense cette année au Prix Nobel Gérard Mourou où à l'astronaute Thomas Pesquet. Ce soir, je suis très heureuse de vous annoncer que le directeur général de l'ESA a proposé à Thomas Pesquet de retourner très bientôt dans l'espace, pour un vol dont la date devrait bientôt être fixée avec nos partenaires internationaux. »

La bombe est lâchée et l'enthousiasme est de mise. Cette annonce corrobore l'intention clairement affichée depuis de longs mois par Jan Wörner, le tout-puissant patron de l'aérospatiale du Vieux Continent, de s'appuyer sur la promotion 2009 pour retourner à bord de l'ISS. Ingénieur de formation, le vaillant sexagénaire d'outre-Rhin sait les enjeux que représente le voyage du Français dans l'espace. Thomas est le visage de l'ESA et il faut le bichonner. Au-delà de l'intérêt scientifique et géostratégique de la présence franco-européenne dans la Station spatiale internationale, Wörner veille au grain et surveille de près les progrès et avancées des États membres. Ainsi, il travaille main dans la main avec le Centre national d'études spatiales français – le CNES – et son président Jean-Yves Le Gall. Que ce soit le satellite franco-allemand Merlin en charge de la lutte contre le dérèglement climatique ou les instruments de fabrication françaisc SAM et ChemCam qui équipent le célèbre engin explorateur martien Curiosity, toutes les innovations françaises méritent un regain d'attention et un suivi constant.

Pour Thomas, le soutien indéfectible de son patron et celui du gouvernement français lui permettent de se lancer à corps perdu dans une de ses missions qu'il affectionne le plus, la transmission. Enfant de la réussite érigé en modèle, l'astronaute s'est donné comme mission d'accompagner et d'aider les plus jeunes porteurs de projets dans leur parcours. Il veut être l'accélérateur qui permettra à des passionnés de se voir attribuer des moyens, un suivi et un cadre propice à l'innovation. Dans cet esprit, il devient la mascotte et la figure tutélaire d'un concours lancé au creux de l'hiver et baptisé Génération ISS. Lancé conjointement par le ministère et par le CNES, ce concours est directement relié à la station internationale puisque les projets lauréats seront testés par Pesquet lui-même lors de son prochain vol, la mission Alpha. Les demandes et candidatures affluent des quatre coins du pays. Tous les étudiants férus de science partent à l'abordage du concours qui permet à des anonymes de lier leur destinée personnelle et professionnelle à celle de la star tricolore de l'espace. Sur l'ensemble des projets, quatre décrochent la timbale. Deux – appelés Figure de Chladni et Plateforme – sont l'œuvre des étudiants de l'IUT Mesures physiques de l'université Toulouse III-Paul Sabatier et regroupés sous le nom de TETR'ISS. Les mêmes

Toulousains mettent sur pied une expérience baptisée La Rose du Petit Prince, qui s'appuie sur les expériences sensorielles. Associée aux jeunes Nantais de l'École de design qui proposent de faire pousser deux tulipes, l'une sur Terre et l'autre dans l'ISS, la jeune garde occitane est élue dans le cadre d'une expérience intitulée Eklosion.

Tandis que la relève se prépare dans les salles universitaires, Thomas est déjà parti sous d'autres latitudes. Transmetteur et vulgarisateur de talent, le Normand n'en reste pas moins un homme de terrain au service de l'ISS. Le 22 mars 2019, Pesquet lâche la combinaison extravéhiculaire pour une tenue beaucoup plus académique. Engoncé dans sa chemise impeccable, la gorge prise en tenaille par une cravate désuète, l'astronaute prend place dans l'immense salle de contrôle de la NASA, à Houston. Il n'est pas là pour se montrer ou pour parader, mais bel et bien pour remplir un rôle d'une importance cruciale, celui de guider au sol une opération de maintenance sur la Station spatiale internationale.

Ses collègues américains Nick Hague et Anne McLain effectuent, à des milliers de kilomètres, une sortie de l'ISS afin d'installer un nouveau type de batteries au lithium. Si l'objectif est simple, l'opération est très complexe puisqu'elle doit durer plus de six heures. Thomas, qui connaît sur le bout des doigts ce type d'intervention, fait preuve de doigté et de patience pour guider au mieux ses acolytes.

« Anne et Nick, ici Thomas, l'équipe est prête ici. Êtes-vous prêts à passer à la section postdépressurisation de votre aide-mémoire ? »

Ce rôle de guide, surnommé CapCom dans le jargon des astronautes, est fondamental et exige un sens accru de l'observation. Chaque geste est pensé, chaque parole est pesée, et Thomas Pesquet sait y faire. Son séjour au Texas du printemps n'est pas uniquement une mission de courtoisie. C'est sans cravate et sans chemise qu'il reprend le chemin de l'entraînement dans la cathédrale de la NASA, le centre Lyndon B. Johnson. Bien qu'il soit informé des dizaines et des dizaines de mises à jour et évolutions liées aux voyages spatiaux, Thomas peut de nouveau se confronter au matériel et se recentrer sur ses sensations. Il reprend goût à l'apesanteur dans l'immense piscine de flottabilité neutre et goûte de nouveau aux joies des décollages dans les simulateurs dernier cri. Les tests d'endurance et d'adaptation sont toujours aussi intensifs et épuisants, et mettent à rude épreuve l'astronaute. L'expérience aidant, l'appréhension n'est plus tout à fait la même, mais il faut peaufiner, s'améliorer, reproduire inlassablement les mêmes gestes, avec toujours plus de soin et d'implication. Cet entraînement de haut niveau n'a pas la saveur de la nouveauté, mais il est la preuve par l'effort d'un avenir radieux. Thomas le sait désormais, il va pouvoir de nouveau partir tout là-haut, là où il se sent puissamment utile et vivant.

Entre deux entraînements, Pesquet s'octroie quelques moments de détente. Il faut cela pour supporter la pression, et Thomas est un homme curieux, avide de découvertes et en quête de légèreté. Loin de Houston et des contingences du métier, l'homme de l'espace redescend sur terre et profite des petits plaisirs du quotidien. Passionné de rugby, il soutient comme tout fan de l'ovalie le Stade toulousain, et laisse exploser sa joie lorsque son club de cœur remporte le Top 14 au nez et à la barbe de Clermont. Les essais de l'ailier Yoann Huget font vibrer le peuple rouge et noir et leur supporter astronaute. Attaché au Sud-Ouest, Thomas se rend en septembre 2019 au beau milieu des collines viticoles de Saint-Émilion. Dans les douves du palais cardinal de la ville, on recouvre l'astronaute d'un épais manteau d'hermine pour la proclamation du ban des vendanges, une tradition multiséculaire. Amoureux du vin et du terroir, le petit-fils de paysans est honoré de devenir, à l'instar de nombreuses personnalités depuis 1948, l'un des pairs de la Jurade. Les pieds sur terre et la tête dans les étoiles, voilà un adage qui convient parfaitement au gamin de Rouen.

Moins d'un mois après son excursion en Gironde, Thomas est de retour chez l'Oncle Sam. C'est dans la capitale, Washington, à l'occasion d'un grand salon international dédié à l'aérospatiale, que le petit Frenchie annonce pour la première fois en public son intention de poser un jour un pied sur la Lune. Thomas est au bon endroit au bon moment. En effet, les fusées européennes Ariane ne transportent pas d'astronautes et se contentent de déposer du matériel sur le satellite de la Terre. Fort heureusement, la NASA joue l'ouverture et vient d'annoncer, dans le cadre de son programme Artémis, la possibilité d'accueillir des Européens dans des missions lunaires habitées. L'information n'est pas tombée dans l'oreille d'un sourd et Pesquet profite de l'occasion pour se positionner clairement : « Mais j'ai toujours rêvé d'aller plus loin et plus profondément dans l'espace. J'espère vraiment prendre ma part dans cette prochaine étape de l'exploration spatiale. »

Si la première mission prévue pour 2024 est toujours la chasse gardée des Américains, l'objectif est d'être prêt à l'horizon 2027 ou 2028. Des vues partagées par l'ensemble des décideurs français et européens qui savent pertinemment que Pesquet est un atout non négligeable dans cette nouvelle course vers la Lune. Solidaire des efforts entrepris par les pays membres de l'Union, Thomas joue la carte continentale sans se cacher et exprime le désir – tout en délicatesse, comme à son habitude – de s'affranchir de la tutelle du géant d'outre-Atlantique : « Imaginez l'excitation de voir un jour Ariane 6 sur son pas de tir à quelques minutes du décollage avec le chef de mission qui annonce “Bon voyage Ariane 6, bon voyage l'Europe, allumons cette bougie et allons sur la Lune”. »

Entre l'Europe et les États-Unis, les échanges sont nombreux, les relations solides et anciennes. Mais dans le domaine spatial comme dans d'autres, l'amitié n'empêche pas les ambitions différenciées. Cette course technologique, Thomas la connaît. Il sait que, derrière le partenariat, les appétits sont aiguisés et que la grande aventure spatiale est une compétition. Cela ne le gêne pas, car l'astronaute est un compétiteur, un vrai. Il aime ça, l'adrénaline, le dépassement de soi, la solidarité dans l'épreuve afin d'atteindre des objectifs élevés. Cet état d'esprit est tellement ancré en lui que Thomas se passionne pour tout un tas de disciplines sportives. Après avoir baptisé en 2017 le navire *Initiatives-Cœur*, Thomas va cette fois-ci plus loin en embarquant à bord du monocoque de 18 mètres de long qui vient de boucler la Transat Jacques-Vabre à la septième position. *Initiatives-Cœur* doit quitter le Brésil, point d'arrivée de la course, pour rejoindre son port d'attache de Lorient. Durant deux semaines, l'astronaute partage le quotidien des marins. Un quotidien difficile où la fatigue et la promiscuité sont de solides partenaires de traversée. Mais cela n'effraie pas trop Pesquet, habitué aux conditions de vie extrêmes en milieu clos. Cette faculté à vivre enfermé ne sera bientôt plus l'apanage des navigateurs et de la caste des héros de l'espace. Le monde entier va bientôt se retrouver coincé, contraint et confiné.

Venu de Chine, un mystérieux virus sème la mort et la désolation durant les premières semaines de février. En Asie comme en Europe et en Amérique, les gouvernements font face à l'afflux considérable de malades. Les services d'urgence sont pris d'assaut, les hôpitaux sont débordés et l'épidémie – bientôt pandémie – se propage à la vitesse grand V. Pour contrer la déferlante, le gouvernement français doit prendre des mesures radicales, et le président Emmanuel Macron annonce, dans une allocution pleine de gravité, le confinement du pays. Partout dans le pays, les Français sont tenus de rester chez eux et de limiter drastiquement leurs interactions sociales. L'économie est à l'arrêt, les écoles ferment, les lieux culturels aussi. Tout astronaute qu'il est, Thomas est lui aussi contraint de stopper ses activités. Alors qu'il entamait une nouvelle phase de son entraînement et montait en puissance, le fringant quadragénaire remise au placard – pour un temps – ses rêves d'espace. L'Homme a suffisamment à faire sur sa Terre, l'espace attendra.

Les frontières sont fermées, et c'est dans l'Hexagone que l'astronaute seinomarin passe ses longues semaines de confinement. Afin de passer le temps, Thomas trouve quelques astuces. Les livres et les jeux de société quittent les étagères et les placards, et offrent un peu d'évasion. Conscient de l'impact de sa parole en ces temps troublés, Pesquet utilise les réseaux sociaux afin de prodiguer quelques conseils à ses compatriotes qui découvrent pour la toute première fois les joies et les angoisses de l'enfermement. Rassurant, il balaie les peurs du moment. Non, il n'y aura pas de pénurie et, oui, il est nécessaire de se protéger et de protéger les autres en s'isolant.

15

The show Musk go on

À des milliers de kilomètres de là, un homme rêve lui aussi de conquête spatiale. Face à l'immobilité du monde, cet homme regorge d'idées et travaille sans relâche pour permettre à l'humanité de penser l'avenir différemment. Cet homme n'est pas un quidam un peu rêveur. C'est la plus grosse fortune de la planète, un être qui fourmille d'idées, qui se nourrit des polémiques et qui aime par-dessus tout attirer l'attention sur lui. Thomas ne le sait pas encore, mais son destin va être bousculé par les visions démiurgiques de celui qui captive la planète entière, Elon Musk.

L'histoire d'Elon débute un demi-siècle plus tôt, au nord-est de l'Afrique du Sud, à Prétoria. C'est là, dans l'immense cité des Boers, que le petit garçon voit le jour. Son père, Errol, est un descendant d'Afrikaner, un Blanc ayant fait fortune dans les affaires et notamment dans les mines d'émeraudes zambiennes. Sa mère,

Maye Haldeman, est une ancienne Miss Afrique du Sud d'origine canadienne et une diététicienne de renom. Très tôt, Elon montre des dispositions évidentes et une appétence particulière pour la technologie. Féru d'innovation et doté d'un grand sens du business, ce diplômé en économie et en physique fait feu de tout bois et parvient à se débrouiller seul, sans l'aide d'un père avec qui il se brouille au sortir de l'adolescence. Ses petites affaires deviennent rapidement des success-stories. Initiateur de PayPal, il revend sa solution de paiement en ligne plus d'1,5 milliard de dollars à eBay au début des années 2000. Hors de question pour le jeune homme de se reposer sur ses lauriers et de vivre dans l'oisiveté. Ses capitaux, il les investit dans des projets beaucoup plus ambitieux. Déçu par le manque d'ambition de la NASA dans le domaine de l'exploration spatiale, le trentenaire sud-africain fonde Space X en 2002. Son projet est fou, rendre l'espace accessible à tous, mettre à portée des civils l'immensité de la galaxie.

Pour débuter, Space X se lance dans la construction d'un lanceur en orbite basse, le Falcon 1. Malgré plusieurs échecs retentissants, Musk ne baisse pas les bras et persiste à développer son entreprise aérospatiale privée. Cet entêtement paie lorsque la NASA passe un appel d'offres en 2008 pour le transport de fret et d'équipages à destination de la Station spatiale internationale. Space X décroche le gros lot et lance son cargo spatial surnommé Space X Dragon, suivi du Crew Dragon chargé de convoyer les astronautes.

Dès lors, Musk devient un partenaire incontournable pour l'ISS, le seul capable de contrer l'hégémonie russe et ses Soyouz. Le personnage a beau faire grincer des dents dans les milieux scientifiques, plus habitués aux consensus qu'aux esclandres et aux provocations, le milliardaire sait qu'il est le maillon fort de la chaîne, le seul capable de redonner aux Occidentaux une ambition réelle dans le domaine aérospatial. Ses fusées et ses barges en charge de récupérer les débris générés par les lancements sont des concentrés de technologie, des outils indispensables pour rêver plus loin.

Craint et redouté, Elon sait accorder ses obsessions d'enfance à ses capacités financières quasi illimitées. Il met son nez partout, propose en permanence, s'appuie sur son savoir et ses ressources pour influer sur le destin des missions en cours. Soucieux du détail, il fait appel au costumier star de Hollywood, José Fernandez, pour donner un coup de jeune aux combinaisons des astronautes. Plus légères, ces tenues regorgent d'innovations et doivent faciliter le travail des femmes et hommes amenés à prendre la route des étoiles à l'avenir. Pour Thomas, l'entrée du richissime Musk dans l'aventure ne change pas grand-chose, mais il devient l'un des rares Français à pouvoir se vanter d'être allé dans l'espace à bord de matériels russes et américains.

En attendant de pouvoir enfin participer à la mission Alpha prévue pour 2021, Thomas continue à tisser des liens profonds avec les Français, qui s'amourachent de plus en plus de leur héros en scaphandre. Pour ce faire, il alimente en permanence ses réseaux sociaux, se fend de quelques déclarations créatives et poursuit son œuvre de vulgarisation entamée depuis des années avec la mission Proxima. Amoureux de son pays et des multiples recoins de France qu'il a photographiés depuis l'ISS, il vante les mérites des régions en prenant soin de ne fâcher personne. La bienveillance et l'humilité sont des valeurs qui lui vont comme un gant, et qui renforcent son image de gendre idéal, beau, intelligent et ambitieux. Cet attachement viscéral aux terroirs et aux paysages de l'Hexagone laisse des traces dans tout le pays. Ainsi, il inaugure un jardin public dans le village de son enfance, Auffay. De nombreuses écoles portent son nom, ainsi qu'une salle de cinéma à Dieppe, un collège à Castres et un lycée à Coutances. Les enfants en font une idole, les parents un modèle.

Bien que toutes ces marques d'affection lui fassent énormément plaisir, Thomas n'a pas le temps de s'enorgueillir plus que de raison. Il a du pain sur la planche et profite du léger assouplissement des règles sanitaires pour reprendre la route des préparatifs de sa nouvelle mission. En novembre, il est à Houston pour assister au lancement de la fusée Falcon 9 de Musk. Quatre astronautes sont à bord pour cette expédition baptisée Crew 1 et, malgré quelques contrariétés de dernière minute, la fusée s'élance de cap Canaveral le 16 novembre à 19 h 27. Thomas est aux premières loges, captivé par l'événement. Il livre ses premières impressions sur

Twitter : « Le spectacle était au rendez-vous dans la nuit pour le lancement de Crew 1, la première expédition de six mois sur un Crew Dragon. Bravo Space X, et une étape de plus vers notre mission : dorénavant, ce sont nous les prochains. »

Pesquet sait que, bientôt, ce sera son tour. Il a hâte, grandement hâte. C'est dans le ciel que son rôle prend toute son ampleur, pas au sol. Concentré sur sa mission, Thomas est heureux du nom de celle-ci, Alpha. Dans un premier temps, elle devait s'appeler Proxima 2, mais l'Agence spatiale européenne a changé ses plans. Le choix de ce nouveau nom fait sens et ce pour plusieurs raisons. En effet, Alpha est le nom initial de l'ISS, et la première lettre de l'alphabet grec a des vertus linguistiques puisqu'elle se prononce de la même façon, quel que soit le pays. Cela permet aussi de maintenir une longue tradition puisque toutes les missions spatiales impliquant la France ont porté le nom d'une étoile et d'une constellation. La première mission de Thomas s'appelait ainsi Proxima en référence à la célèbre Proxima du Centaure. L'astronaute bleu-blanc-rouge est très heureux de ce choix et ne s'en cache pas. Interrogé par le site scientifique Numerama, il explique : « Il fait le lien avec ma première mission, Proxima, puisque les étoiles appartiennent au même système proche de la Terre et donc véhiculent la même idée de proximité – tout comme la recherche spatiale au service de la population de la Terre – et une idée de poursuite de mon travail. »

Ce nom, Alpha, réunit aussi le suffrage populaire puisqu'il a été choisi après une très large concertation auprès de celles et ceux qui suivent avec passion les aventures de Thomas. Près de trente mille suggestions sont arrivées aux services de l'ESA. Certaines un peu dépassées, d'autres complètement farfelues. Et dans le fatras des propositions, Alpha, mentionnée près de cinquante fois. Bien qu'aucune date de lancement ne soit encore fixée avec précision, les équipes du monde entier s'affairent pour préparer au mieux l'expédition. Pour Thomas, les exercices n'ont plus tout à fait la même saveur de la découverte. La routine impose cependant une concentration de chaque instant afin de ne pas sombrer dans la monotonie. Fort heureusement, le fait de ne plus voyager à bord des Soyouz russes impose à l'équipe d'apprendre, de comprendre et de digérer de nouveaux protocoles spécifiques à Space X. Amerrissage, extraction de la capsule, gestion de tous les imprévus, autant de complications à absorber en quelques mois. Afin de parer à toute éventualité, on imagine tous les scénarios, mêmes ceux du pire, à savoir une attaque organisée contre le Kennedy Space Center. L'exercice grandeur nature a de quoi impressionner, les astronautes étant évacués de la zone à bord d'un colossal véhicule blindé.

À des milliers de kilomètres de la Floride brûlante, sur les bords de la mer du Nord, on s'affaire en tous sens dans les immenses couloirs de l'ESTEC, le Centre européen de recherche et de technologie spatiales. La petite commune de Noordwijk, en Hollande méridionale, vit au rythme des allées et venues des 2 500 ingénieurs et techniciens de cette antenne de l'ESA. C'est là qu'on procède aux dernières vérifications des installations thermiques, acoustiques et mécaniques des véhicules spatiaux. Là aussi qu'une équipe de graphistes met au point le logo de la mission Alpha. Cela peut sembler insignifiant, mais l'infographie est un témoin de l'histoire, le marqueur d'une volonté de l'agence spatiale d'être en phase avec les enjeux de son époque. L'entremêlement des symboles est porteur de sens et de valeurs. Au centre, on retrouve une fusée Falcon 9 en pleine phase de décollage. Au sommet, un drapeau français et une amorce de l'ISS.

Tout autour, dix-sept bandes de couleur qui représentent les dix-sept objectifs fixés par l'Organisation des Nations unies pour sauver le monde d'ici à 2030. Ce rappel des objectifs prouve que les astronautes sont bel et bien parties prenantes de la sauvegarde de la Terre. Cette liste de recommandations, qui apparaissent presque comme des commandements, est le pilier d'un renouveau de l'humanité. Les voici, tels qu'ils sont présentés par les instances de l'ONU : pas de pauvreté, faim zéro, bonne santé et bien-être, éducation de qualité, égalité entre les sexes, eau propre et assainissement, énergie propre et d'un coût abordable, travail décent et croissance économique, industrie, innovation et infrastructures, inégalités réduites, villes et communautés durables, consommation et production responsables, mesures relatives à la lutte contre les changements climatiques, vie aquatique, vie terrestre, paix, justice et institutions efficaces, partenariats pour la réalisation des objectifs.

Pour Thomas, ces valeurs et ces objectifs ne sont pas des notions vides, des mots creux que l'on doit prononcer pour se donner bonne conscience. Avec Anne, l'astronaute a toujours défendu avec acharnement ces valeurs, et son travail ne fait sens que parce qu'il est motivé par des intentions plus grandes que lui. L'ONU sait que, derrière la combinaison, il y a chez Pesquet un citoyen du monde, un lanceur d'alerte efficace, un observateur attentif du monde dans sa globalité. L'institution internationale sait aussi le poids que peut avoir la parole du Français sur la scène internationale.

C'est pour cette raison que Thomas est nommé, quelques semaines avant de s'envoler pour l'ISS, ambassadeur de bonne volonté pour l'alimentation et l'agriculture. Un rôle qui n'est pas que symbolique et dont Pesquet mesure l'importance dans son discours du 12 avril 2021 : « Je suis très fier d'accepter cette nomination en tant qu'ambassadeur de bonne volonté pour la FAO. Je prépare actuellement ma prochaine mission et je me sens donc plus proche que jamais des activités de la FAO. Je souhaite sensibiliser à la lutte contre la faim. » Thomas ose même un parallèle audacieux entre la Station spatiale internationale et la planète bleue : « Après tout, la Terre est aussi un engin spatial, qui vole à travers l'espace avec des ressources limitées.

Les problèmes sont similaires : il faut faire face à un environnement hostile, partager des ressources qui sont limitées, bien s'entendre avec les membres d'équipage et travailler ensemble pour atteindre nos objectifs. »

La tête sur les épaules et habité des valeurs fondamentales qui pourraient permettre à l'humanité de ne pas courir à sa perte, Thomas entame la dernière ligne droite de son copieux entraînement. Dans quelques semaines, il prendra de nouveau place dans une fusée en direction de la Station spatiale internationale. Mais ce second voyage va être tout à fait différent. Du fait de son expérience et de sa renommée, Thomas va rejoindre l'ISS avec un tout nouveau statut. Il ne fait pas que suivre la route tracée par les glorieux astronautes français du passé – Claudie et Jean-Pierre Haigneré, Michel Tognini ou encore Jean-François Clervoy –, il trace la sienne. Mémorable, glorieuse et unique en son genre.

16

Mission Alpha

Aux premiers jours du mois de mars 2021, l'ambiance est à l'excitation dans les bureaux de l'Agence spatiale européenne. L'ESA vient en effet de lancer une immense campagne de recrutement d'astronautes en herbe pour ses prochaines missions. Ils sont des milliers, chercheurs, médecins, pilotes, étudiants dans l'aéronautique à rêver de suivre les traces de l'idole Thomas Pesquet. Des milliers à espérer et à se prendre au jeu. Finalement, après de longs mois de sélection, ils seront quatre à six à entrer dans le temple de l'aérospatiale pour commencer une très longue formation. Les conditions pour tenter sa chance sont draconiennes et bien que les profils puissent être divers, un certain nombre de compétences sont indispensables. Il faut en effet être titulaire d'un master dans un domaine scientifique ou en médecine, avoir trois ans d'activité professionnelle dans un domaine lié, être un excellent nageur et parler couramment anglais voire le russe, l'une des langues les plus utilisées dans l'ISS.

Les tours de sélection sont nombreux et les tests très pointus, à la fois physiques, cognitifs et psychologiques. Voilà treize ans que le dernier concours a été lancé, treize longues années que les candidats attendent cela. La promotion 2009, celle de Thomas, était constituée de six sélectionnés sur un total de 8 000 postulants. L'effet Pesquet jouant à plein, l'agence s'attend à une explosion des candidatures. Avant de préparer l'avenir et de former cette nouvelle génération susceptible d'aller sur la Lune, l'ESA organise activement le présent. Et l'actualité est chargée à un mois du décollage de la mission Alpha. Les derniers préparatifs nécessitent une organisation au cordeau et une formidable fluidité entre tous les acteurs de la mission. Les astronautes bien sûr, mais également les milliers de personnes travaillant au sol. Pour Thomas, la pression monte. Une magnifique nouvelle vient cependant de lui parvenir, une nouvelle annoncée en grande pompe par le président de l'ESA, le 16 mars. Thomas Pesquet deviendra, au mois d'octobre, le commandant de l'ISS. Depuis 2000, cette place est généralement dévolue aux Américains et aux Russes. Thomas est le quatrième Européen et le premier Français à être promu à ce grade, et cette annonce le remplit de fierté. Que l'on ne se méprenne pas, le commandant n'est pas le chef de la station. Sa mission consiste surtout à coordonner l'équipe d'astronautes et à s'assurer que chaque tâche est parfaitement exécutée dans le respect des objectifs fixés par les agences. Cependant, en cas de pépin, le commandant doit prendre des décisions fermes et rapides. Rayonnant, Thomas témoigne auprès du magazine de France Télévisions « Envoyé spécial » : « C'est vraiment un honneur pour la France. Après, cela n'implique pas grand-chose si tout se passe bien mais, en cas d'urgence, si une situation se dégrade, il y aura forcément des décisions à prendre. C'est comme sur un bateau, je serai le seul maître à bord. »

Pesquet a un programme bien chargé et ne se contentera pas de veiller au grain. D'ailleurs, son commandement ne s'exercera que dans un deuxième temps, six mois après son arrivée dans l'ISS. En attendant, il a de nombreuses tâches à accomplir et un cahier des charges bien rempli. Au-delà de la poursuite des expériences menées lors de la mission Proxima, le Français doit mener à bien douze nouveaux travaux. L'Hercule de l'espace ne va pas chômer et doit suivre avec méticulosité les recommandations du CADMOS – le Centre d'aide au développement des activités en micropesanteur et des opérations spatiales –, une des antennes du CNES. Il doit ainsi manipuler Télémaque, une pince chargée de piéger des particules dans un champ d'ultrasons ainsi que Dreams, un bandeau posé sur le crâne qui permet de mesurer les effets du sommeil lors des missions spatiales habitées. D'autres expériences concernent le vieillissement des cellules soumises aux radiations ou l'assistance de la réalité virtuelle pour l'accomplissement des tâches quotidiennes à bord ou des exercices physiques. Le projet Lumina permet de démontrer la fiabilité de la fibre optique dans la mesure des radiations tandis que l'Eco Pack consiste à tester de nouveaux emballages biodégradables capables de conserver au mieux les aliments. À ces tâches s'ajoute le test des projets sélectionnés lors du concours Génération ISS, TETR'ISS et Eklosion. Enfin, un travail autour du blob – cet étonnant être unicellulaire aux vertus prodigieuses – sera mené à des milliers de kilomètres de hauteur par Thomas tandis que les élèves de 2 000 établissements scolaires feront la même expérience sur Terre.

Pour mener à bien sa mission et prendre le relais des équipages du Soyouz MS-18 et du Space X – Crew 1 présents dans l'ISS, Thomas est entouré de trois compagnons expérimentés avec qui il s'entend à merveille. S'il est le benjamin de l'expédition, le Français n'est plus ce débutant qui découvrait les yeux écarquillés l'immensité de l'Univers quelques années plus tôt. Il est désormais un des piliers de l'ESA et sait parfaitement collaborer avec ses collègues.

Le Texan Shane Kimbrough effectue son troisième vol. Vétéran de la guerre du Golfe, ce pilote d'hélicoptère et ancien instructeur pour la NASA a mené bon nombre de missions dans l'espace et plusieurs sorties extravéhiculaires, dont certaines en compagnie de Thomas en 2017. Une autre Américaine est de la partie, l'océanographe Megan McArthur. Née en 1971, la spécialiste des fonds marins n'en est pas à son coup d'essai. Intégrée au corps des astronautes en 2000, elle a participé à l'entretien du télescope spatial Hubble en 2009 après avoir été CapCom de l'ISS. Mariée à un astronaute, la native d'Honolulu se prépare, comme Thomas, à sa deuxième mission. C'est elle qui doit piloter le Dragon, une responsabilité colossale.

Le dernier membre du quatuor est japonais, et c'est lui qui est nommé commandant pour la première partie de la mission. Spécialiste de la mécanique des fluides, l'ingénieur Akihiko Hoshide est né en 1968 et travaille pour l'Agence spatiale japonaise depuis près de trente ans. Après avoir échoué à devenir astronaute au milieu des années 1990, il complète sa formation aux États-Unis et décroche le précieux sésame à l'orée de l'an 2000. Le souriant Nippon est souvent sollicité durant la décennie 2010, participant aux expéditions 32/33 de l'ISS en 2012, à la mission sous-marine de la NASA baptisée NEEMO-18 en 2014 ou à la simulation de l'ESA dans des grottes en 2016.

S'il était légèrement intimidé par le charisme et l'expérience de Peggy et Oleg lors de son premier séjour, Thomas a gagné en confiance et aborde cette nouvelle envolée avec beaucoup plus de sérénité. Il n'est plus le petit bleu, il a gagné en épaisseur et sa parole compte.

Ses coéquipiers sont certes plus vieux, mais le Normand n'est pas là pour faire de la figuration ou pour s'extasier devant l'infini. Il se connaît, connaît son corps et ses besoins, sait parfaitement ce qui lui convient et ce qui ne lui convient pas. À l'occasion d'une conférence de presse organisée en amont du départ, Pesquet pose le cadre de son nouveau voyage et fait montre d'une maturité nouvelle : « Lors de la première mission, j'avais toujours l'esprit occupé par quelque chose. Je tournais des vidéos, je prenais des photos, j'appelais mes amis… Cette fois, j'ai décidé de profiter de moments plus calmes. Je prendrai quinze minutes par jour à ne rien faire. Juste regarder à travers les hublots en buvant un café ou en discutant tranquillement avec les autres membres de l'équipe. »

Pesquet n'est pas tout à fait le seul Français à prendre part à la mission Alpha. Il en est un, tout aussi célèbre dans son domaine, qui va faire le voyage sans bouger de chez lui, c'est Thierry Marx. Le chef étoilé, fondateur du Centre français d'innovation culinaire avec son compère chercheur Raphaël Haumont, est de nouveau sur le pont pour concevoir des recettes adaptées à la vie en apesanteur. Le cahier des charges est complexe puisqu'il faut réaliser des menus qui ne font pas de miettes et qui prennent en compte les métamorphoses des sens imposées par la gravité. Tout est mis en œuvre pour que les astronautes puissent avoir accès à des mets succulents, et qui mieux qu'un Français pour faire vibrer les papilles des voyageurs de l'espace…

Thomas est fin prêt à décoller. Pour que tout soit d'équerre, le Français a réalisé des dizaines de tests PCR. Hors de question de ramener la Covid dans l'ISS, les conséquences seraient catastrophiques. Quelques mois plus tard, Pesquet reviendra sur ces conditions un peu spéciales liées à la pandémie dans une interview au *Journal du dimanche :* « Alors maintenant, on essaye de faire attention, comme tout le monde j'ai envie de dire. Mais avant la mission, on faisait encore plus attention parce qu'on ne voulait pas mettre en danger la mission. En fait, attraper la Covid avant, puis retarder ou annuler le décollage, ou encore pire, emmener la Covid à bord de la station spatiale pour les collègues qui étaient déjà à bord là-bas. Donc on a fait très attention. »

Le 16 avril, les quatre astronautes de la mission Alpha quittent Houston en direction de la Floride. C'est là, à cap Canaveral, que doit avoir lieu – comme de coutume – le lancement de la fusée Falcon 9. Tout vêtu de bleu, le futur commandant prend la parole quelques minutes après son arrivée sur la base. L'humanité entière est suspendue aux lèvres du quadragénaire. Ses yeux bleus pétillent, la voix est posée, assurée : « Moi, je pense que c'est l'âge d'or des vols habités que l'on vit en ce moment. Les gens ne s'en rendent pas compte parce qu'on regarde beaucoup en arrière pour les missions vers la Lune, mais dans quelques années on aura fait quelque chose de plus ambitieux. Dans la position où je me trouve moi, c'est bien sûr enthousiasmant, mais j'espère que ça l'est aussi pour tout le monde.

Cette aventure, on ne veut pas la vivre égoïstement : on essaie de la partager parce que ce que nous allons faire dans l'espace, nous espérons vraiment que cela servira un jour à tous. »

Pour les Français, qui suivent avec délectation les pérégrinations de Thomas, l'imminence du nouveau voyage est le moyen de s'intéresser de nouveau à la grande aventure spatiale. Dans l'Hexagone, tout le monde aime Pesquet, héros moderne. Tout le monde ? Pas vraiment. Quelques voix s'élèvent pour égratigner un peu la figure intouchable du beau commandant. Les piques sont isolées, mais proviennent notamment d'anciens astronautes français qui n'eurent pas la chance – question d'époque ou de personnalité – de connaître l'affection du grand public. Ainsi, quelques jours avant le démarrage de la mission Alpha, Patrick Baudry se permet de lancer quelques missives à l'égard de son cadet sur le plateau de BFM TV : « Lors du premier vol, il a fait beaucoup de com. C'est vrai, c'était très bien fait, pour les gamins et tout, mais enfin tout le monde a compris qu'il n'avait pas fait grand-chose sur le plan scientifique ».

Réel diagnostic d'un ancien ou fiel d'un astronaute coincé entre le mythe Jean-Loup Chrétien et le nouveau mythe Thomas Pesquet ? Difficile de le savoir. Baudry, qui tenta durant de longues années de passionner ses compatriotes à l'espace à travers ses Space Camp et sa Cité des Étoiles, projets tombés à l'eau par manque de financement, semble en tout cas rongé par l'amertume. Ces attaques envers Thomas n'ont que peu d'effet. Pesquet a d'autres chats à fouetter que de gérer les états d'âme de ses prédécesseurs.

Ce n'est de toute façon pas la première fois que le Rouennais doit faire face aux critiques. Il a le cuir épais et, depuis son apparition sur la scène médiatique, nombreuses sont les langues à avoir persiflé sur sa combinaison. Qu'ils viennent du monde des sciences, de la presse ou de la politique, les détracteurs de l'astronaute s'en donnent à cœur joie dès lors qu'il s'agit d'égratigner l'icône Pesquet. Déjà, en 2017, Serge Brunier, du magazine *Science et vie*, répandait son fiel dans les colonnes de l'hebdomadaire *Marianne* : « Le discours de Thomas Pesquet est vide. Ce qu'il accomplit dans l'espace n'a absolument rien de révolutionnaire, il s'agissait simplement d'observer comment l'espace dégrade le corps humain. Sa mission est identique à toutes celles menées depuis une trentaine d'années… 150 personnes sont déjà montées dans l'ISS et toutes ont pris des photos de la Terre ! L'adoration pour ce garçon me fascine ». Thomas ne réagit pas et préfère laisser parler. Seul le leader de la France insoumise Jean-Luc Mélenchon eut droit, en 2020, à une leçon en bonne et due forme sur les déchets spatiaux.

À quatre jours du grand départ, le quatuor en combinaison se plie aux derniers tests d'usage. Il ne faut rien laisser au hasard, car le moindre détail compte, la moindre anomalie peut entraîner un report du décollage ou une annulation pure et simple de la mission. Il y a évidemment les tests d'étanchéité des uniformes, les précautions d'usage sur les capsules, mais aussi tout un tas de petits rituels officieux qui font tout le sel d'une expédition spatiale, qui rendent le moment magique et unique. Chaque astronaute se plie avec joie à ces obligations un peu potaches, comme celle qui consiste à graver son nom sur la fusée ou celle, encore plus étonnante, de battre aux cartes l'un des responsables de la base. Shane, Megan, Akihiko et Thomas choisissent enfin la peluche qu'ils attacheront à leur combinaison et qui fait office d'indicateur de gravité. Pour les membres de la mission Alpha, ce sera un pingouin, l'animal fétiche du fils d'Hoshide.

Les conditions météo étant incertaines, décision est prise de reporter légèrement l'heure du grand départ de vingt-quatre heures. Une aubaine pour les proches des astronautes, qui peuvent profiter encore un peu de leurs drôles de voyageurs. La famille Pesquet est parvenue, malgré les innombrables contraintes administratives liées à la situation sanitaire, à se rendre en Floride. Les parents et le frère de Thomas ont fait le déplacement, ainsi que quelques amis et, bien évidemment, Anne Mottet. Pour la compagne du Français, ce moment est à la fois trépidant et douloureux. Bien qu'elle comprenne l'enjeu et l'émotion qui emplit son conjoint, il est difficile d'imaginer se séparer pour de longs mois. La chercheuse a déjà vécu ce moment intense, mais elle éprouve les mêmes sensations, la même peur, la même appréhension. Voir partir Thomas, c'est plonger dans un océan d'incertitudes et de longs mois de solitude.

Pour le moment, Anne doit partager son Thomas avec les journalistes du monde entier qui se pressent dans les espaces réservés par la NASA. Le crépitement des flashs est intense, mais n'entrave en rien la concentration des astronautes qui s'avancent vers les berlines blanches qui vont les déposer sur le pas de tir. Pressés derrière des cordons de sécurité, les proches de Thomas lancent embrassades et sourires. Anne fixe son amoureux, le dévore des yeux. Il lui faut garder ce visage en mémoire, ces yeux resplendissants. Avant qu'il ne soit emporté par la nuit et les étoiles. Les au revoir sont intenses, mais personne ne peut vraiment s'épancher. Tout contact physique est prohibé. Alors on se regarde, on sonde l'âme de celui qu'on aime. A-t-il peur ? Anne connaît son homme et sait que son rêve est là, au bout de la piste.

Thomas et ses collègues ont mis pied à terre. Face à eux se dresse l'immense fusée Falcon 9, dont la blancheur perce la nuit. Harnaché dans sa lourde combinaison, le futur commandant entre dans l'ascenseur qui s'apprête à mener l'équipage tout en haut du véhicule, à plus de 70 mètres de hauteur, dans la capsule qui va leur servir d'habitacle pour la durée du vol. Cette capsule est un bijou de technologie, un petit écrin. Rien à voir avec son équivalent russe Soyouz. À Baïkonour, on a affaire à des procédés désuets, à une mécanique bien huilée mais datée. La firme de Musk, elle, propose un bond technologique impressionnant. Tout est tactile, intuitif, fabriqué dans des matériaux de pointe. Les capsules russes évoquent *2001, l'Odyssée de l'espace* quand celles de Space X jouent la carte de la sobriété, de l'élégance et du confort. Au-delà de l'aspect pratique, le Dragon offre plus d'espace. On est toujours dans la promiscuité, mais c'est bien plus supportable.

« Godspeed Crew 2 »

Ces quelques mots prononcés par les équipes techniques font basculer nos quatre astronautes dans une autre dimension. Lovés dans la capsule, Thomas et ses acolytes attendent le déclenchement du compte à rebours. Pour patienter, le Français et ses partenaires américains et japonais se lancent dans une partie endiablée de pierre-feuille-ciseaux. De grands enfants s'apprêtent à fendre les cieux. Lorsque le 0 retentit, un vrombissement du tonnerre se fait entendre à des kilomètres à la ronde. Une lumière aveuglante déchire le ciel, la mission Alpha est en route.

Démarre alors une phase de vol complexe qui va se dérouler en plusieurs étapes. À chacune de ces étapes, suivie de près par les experts de la NASA et les aficionados du monde entier, son lot de risques et de moments épiques. En quelques minutes à peine, Falcon atteint la vitesse impressionnante de 10 000 kilomètres-heure. En quittant l'atmosphère, le longiligne engin se met en position horizontale afin d'atteindre rapidement la vitesse orbitale et se sépare de son premier étage. À 200 kilomètres de la Terre, la fusée est à 27 000 kilomètres-heure et abandonne son deuxième étage. Il ne reste désormais plus rien de la fusée, et seul Crew Dragon dérive désormais en orbite. La trajectoire est précise, pensée et calculée durant de longs mois en amont. Le plus dur est fait, les étages du lanceur se sont décrochés comme prévu, sans encombre. Thomas peut savourer. Il sait qu'une étape importante vient d'être franchie et il peut laisser éclater sa joie, le poing tendu en signe de victoire.

Théoriquement, la phase d'approche vers la station est l'une des plus tranquilles. Tout est maîtrisé. En théorie. À 19 h 43, un message des équipes au sol retentit dans la capsule. Posément, tranquillement, une voix assurée recommande aux quatre membres de l'équipage de s'équiper et de bien s'attacher à leurs sièges. Rien ne doit traîner à bord du Dragon. La manœuvre d'approche doit être raccourcie de moitié, car un objet flottant dans l'espace risque de percuter la capsule. Fort heureusement, plus de peur que de mal. L'objet est suffisamment loin et ne risque pas de croiser la route du véhicule de Pesquet. Voilà vingt-quatre heures que Crew Dragon a quitté cap Canaveral et, déjà, Thomas entrevoit la colossale Station spatiale internationale.

La capsule est désormais stabilisée à environ 200 mètres de la forteresse volante qu'est l'ISS. L'accostage est un processus très lent qui nécessite de la patience et de la précision. Ce sont les équipes au sol qui pilotent, car il faut viser juste. La capsule, jusqu'ici immobile, doit relancer son moteur afin de coller à la station. Il faut parvenir à 20 mètres du géant de métal, et cette phase se fait tout en douceur, à raison de quelques centimètres par seconde. Les immenses crochets de l'ISS capturent le petit vaisseau afin de le fixer pour de bon. Les astronautes ne sont pas encore tout à fait au bout de leurs peines. Ils doivent encore patienter deux heures pour les ultimes vérifications. Ces dernières concernent essentiellement l'étanchéité du sas qui relie Crew Dragon à la station. Le moindre impair, dans l'espace, se paie le prix fort.

En entrant dans la station, après des heures et des heures de voyage éprouvant, le Crew 2 peut enfin ôter ses encombrantes combinaisons. Arrivés à bon port, Thomas, Shane, Megan et Akihiko sont accueillis par leurs camarades déjà sur place. Ces derniers sont au nombre de sept. Quatre sont membres du Crew 1 arrivé à l'automne 2020, les Américains Shannon Walker, Victor J. Glover et Michael Hopkins, et le Japonais Soichi Noguchi. Trois ont décollé de Baïkonour le 9 avril pour la mission Soyouz MS-18, les Russes Oleg Novitski et Piotr Doubrov et l'Américain Mark T. Vande Hei. Les retrouvailles entre les différentes équipes sont un moment de fête incroyable. Quelle que soit leur nationalité, tous ont le sentiment de faire partie de la même famille. Une haie d'honneur se forme dans la station, c'est le rituel lorsqu'un nouvel équipage arrive. Vêtus de polos noirs, les membres du Crew 2 pénètrent dans le petit couloir, accueillis chaleureusement par leurs collègues vêtus de bleu. On se serre dans les bras, on se tape dans le dos, on s'enlace. L'apesanteur donne à l'instant des airs de ballet aérien insensé.

Tout ce joli petit monde se réunit ensuite pour une cérémonie de passation, un rituel classique mais toujours aussi émouvant. Les onze hommes et femmes de l'espace sont en cercle et écoutent religieusement la voix du tout-puissant administrateur de la NASA, Steve Jurczyk. Voilà quatre mois à peine que l'ancien ingénieur en électronique, pilier de la maison, a été nommé, à la suite de la démission spectaculaire de Jim Bridenstine et de son adjoint James Morhard. Pour Jurczyk, qui s'apprête à prendre sa retraite, cette mission a un goût spécial. C'est la seule et unique cérémonie de passation qu'il va diriger en près de trente ans de carrière. La voix est chargée d'émotion, mais l'administrateur de Houston parvient à délivrer les messages importants, insistant sur les vertus de solidarité et d'échange qui font de l'ISS un projet pour l'humanité tout entière, au-delà des différends entre pays. Depuis 2009 – année record avec 13 résidents –, jamais l'ISS n'avait accueilli autant d'astronautes en même temps. Le chaleureux attroupement ne dure cependant que quelques jours puisque le quatuor de Crew 1 doit repartir le 2 mai.

Les premiers jours à bord de la station sont l'occasion pour Thomas de reprendre ses repères, de se familiariser avec le nouvel équipement à bord et de prendre le pouls du rythme de ses partenaires. Bien qu'il ne chôme pas, le Français poursuit son œuvre de transmission en partageant bon nombre de clichés pris depuis l'ISS. Il sait que ses compatriotes en raffolent et fait cet effort de communication. Les Normands sont les premiers à bénéficier de cette générosité de l'enfant du pays, qui poste un petit message à leur intention dès le 27 avril : « La trajectoire de la station va toujours d'ouest en est : une chance pour ma Normandie natale, sous le soleil comme toujours, quoi qu'en disent les rageux. Elle ouvre le bal des orbites. »

Entre deux expériences et deux prises de vue, Pesquet n'hésite pas à prendre du bon temps. Les moments de convivialité sont nécessaires à l'harmonie dans la station et, le 30 avril, il est sur le pont pour préparer dignement une petite fête d'anniversaire pour son camarade Victor Glover, membre de Crew 1, qui fête ses 45 printemps. Ce même jour, l'astronaute se plie à l'exercice de la conférence de presse en répondant aux questions de nombreux journalistes réunis à Paris dans les locaux du CNES. L'ambiance est bon enfant, Thomas étant souvent considéré comme un bon client pour ce type d'exercice. Jouant avec un petit globe en plastique – comme en 2016 –, le Seinomarin se prête au jeu des questions-réponses avec le sourire et la bonhomie qui le caractérise.

Pesquet fait d'abord part de son immense plaisir de retrouver l'ISS, dont il dit que c'est « sa deuxième maison. J'ai retrouvé mes amis, j'ai retrouvé mes habitudes », puis il prend le temps de détailler le fond de la mission Alpha, les 232 expériences à mener en six mois. Friands de connaître les conditions de vie à bord de l'ISS, les reporters prennent plaisir à découvrir les petits secrets de l'étonnante colocation spatiale : « Ça se passe plutôt bien. Nos prédécesseurs ont vraiment été des hôtes parfaits. On n'a que six couchettes pour l'instant à bord de la station [...], six couchettes pour onze membres d'équipage, c'est-à-dire qu'il y en a cinq qui campent. Il y a du monde à peu près partout, dans tous les modules. On essaie de faire attention, les gens sont entraînés pour ça, on est préparés à ça. On a fait des stages en spéléologie, des missions sous-marines, tout ça nous entraîne à la promiscuité [...]. La chose la plus difficile, c'est qu'on a un système de toilettes côté russe et des toilettes côté américain, ce qui ne fait que deux pour onze personnes. »

À la veille de leur départ, les membres de Crew 1 passent officiellement le relais à ceux de Crew 2. La commandante Shannon Walker laisse la place au commandant Akihiko Hoshide. Une fois encore, la passation est très codifiée, le monde de l'aérospatiale étant friand de ritualisation. Le Japonais reçoit des mains de l'Américaine une énorme clé dorée dont la fonctionnalité est d'ouvrir les hublots des capsules Soyouz. La mission de Crew 1 est terminée et, après de très longs mois dans l'ISS, le retour sur Terre est acté. Malgré l'émotion de voir partir des camarades attachants, Thomas n'est pas mécontent de bénéficier d'un peu plus d'espace au sein de la station. Quatre personnes en moins, c'est l'assurance de retrouver un peu d'intimité, une notion importante pour l'équilibre mental des astronautes.

Dans son espace personnel de la taille d'une cabine téléphonique, le Français s'est aménagé un petit coin bien à lui, un espace rudimentaire mais confortable. C'est là qu'il se repose, qu'il prend du temps pour lui, qu'il pense à ceux qu'il aime et qui sont tout en bas, sur Terre. Sur la paroi de sa chambrette, quelques photos d'Anne, de ses parents, de ses amis. Cet antre de solitude est l'un des rares endroits de la station dans lequel les caméras ne tournent pas. Les yeux du monde ne peuvent sonder le fond de l'âme de Pesquet, et cela lui convient parfaitement. S'il parvient à fermer son intimité à double tour, l'astronaute star n'est pas avare de commentaires dès lors qu'il s'agit de raconter en long, en large et en travers la vie quotidienne à bord de l'ISS.

Taquin et facétieux, il dévoile le 12 mai sur son fil Twitter une information de la plus haute importance, à même d'amuser ses fans les plus passionnés : « Une étape franchie en toute discrétion à bord de l'ISS : le 40 000e usage de nos toilettes ! »

Cette apparente légèreté, trait de caractère qui explique en partie la naissance du phénomène Pesquet, ne prend heureusement jamais le pas sur le sérieux du garçon qui reste concentré sur les missions dont il a la charge. Dès son arrivée, il s'est mis au travail avec abnégation et concentration. Deux expériences menées par le CADMOS occupent ses premières journées. La première a été nommée Grip et nécessite une installation de taille. Le but de l'expérience est d'observer la capacité de coordination des forces de levage et de serrage d'un astronaute lorsqu'il tient un objet alors que son organisme se trouve dans la période d'adaptation provoquée par la disparition de la pesanteur. On observe ainsi l'adaptation du système nerveux et l'importance de chaque système sensoriel, de la vue à la peau, des articulations aux muscles. Thomas teste divers mouvements et positions en manipulant un objet muni de capteurs. La seconde, nommée Grasp, se penche sur la disparition des notions de haut et de bas. Une partie du matériel de Grip est utilisée – notamment la chaise – ainsi qu'une plateforme de réalité virtuelle développée par le CNES et déjà mise en route lors de la mission Proxima. Le but est de voir si le système nerveux intègre les informations sensorielles, en déterminant si la pesanteur aide à la coordination entre l'œil et la vue.

Lorsqu'il n'est pas pris par une expérience, Thomas met la main à la pâte pour entretenir la vaste station internationale. Tous les samedis, les résidents prennent leur part dans le nettoyage, et autant dire que cette tâche n'est pas de tout repos. Hors de question de laisser les modules en bazar, tout doit être récuré avec soin et attention. Chaque espace, qu'il soit dédié au travail ou au repos, nécessite un ménage intensif. Thomas, qui passe le plus clair de son temps dans le laboratoire européen Columbus, veille à ce que chaque surface soit désinfectée. Le laboratoire japonais, véritable chambre froide de la station, requiert la même délicatesse, tout comme l'espace russe ou l'important Lab américain. Après des heures d'effort, place au réconfort. Thomas et son commandant Hoshide prennent place devant un immense écran pour assister à la finale de la Coupe d'Europe de rugby, qui voit les rouge et noir du Stade toulousain affronter le club de La Rochelle. Dans le mythique stade de Twickenham, les hommes d'Ugo Mola viennent à bout des Rochelais après une partie éprouvante achevée sur le score de 22 à 17. Le Stade toulousain est sur le toit de l'Europe et devient la première équipe continentale à remporter cinq Champions Cup, devant les Anglais du Leinster. Pour Pesquet, fou d'ovalie, ce match rebooste le moral et vient rompre la monotonie.

Les sorties extravéhiculaires sont, pour tous les astronautes, des moments très attendus. C'est là, dans l'immensité de la nuit, que les rêves d'enfant s'accordent au réel des voyageurs en scaphandre. Le 2 juin, ce sont les Russes Doubrov et Novitski qui s'y collent. Ils doivent préparer le terrain pour le futur remplacement du module d'amarrage et sont aidés de l'intérieur par leur compère américain Vande Hei. Thomas sait que son tour viendra, qu'une EVA est annoncée dans son planning. Pour le moment, il se contente de supporter et d'accompagner ses partenaires, car il sait à quel point une sortie est un moment de tension importante.

Trois jours plus tard, le visage phare de l'ESA est sur le pont pour accueillir le cargo ravitailleur Dragon CRS-22. L'imposant engin, création de Space X, vient déposer énormément de matériel ainsi que des vivres nécessaires pour l'équipage. L'arrivée d'un cargo est toujours très attendue, car dans chaque caisson l'on peut trouver des choses étonnantes et cruciales pour la suite des opérations. En ce 5 juin 2021, ce sont des milliers de petits acariens – les tardigrades – et près de 130 bébés calamars qui arrivent dans l'ISS. Drôles d'animaux de compagnie dont la fonction n'est pas de distraire nos sept aventuriers. Ces petites bestioles ont un système immunitaire très proche de celui des humains, et une batterie d'expériences va être menée sur elles durant de longs mois.

17

Par ici la sortie

Le jour tant attendu par Thomas est arrivé. Le mercredi 16 juin, le Français et Shane Kimbrough se préparent à sortir. Leur mission est loin d'être anodine puisqu'il s'agit d'installer des panneaux solaires nouvelle génération sur les côtés de la station. Pesquet est chef de la sortie et doit coordonner les actions du duo. L'installation s'annonce complexe et longue. Après trois heures trente de dur labeur dans le vide, un incident est signalé par les experts au sol de la NASA, qui suivent seconde par seconde l'avancée des travaux. La combinaison de Shane dysfonctionne et le système de refroidissement de cette dernière fait des siennes. La sécurité des hommes étant la priorité, l'Américain doit regagner le sas de décompression afin de procéder aux ajustements nécessaires. Thomas ne peut effectuer seul l'installation des panneaux. Pendant plus d'une heure, il va attendre son partenaire au beau milieu du vide, accroché à un immense bras robotique.

Comble de malchance, le retour de Shane ne signifie pas la fin des galères. Le panneau solaire, sorte de tapis à poser sur les parois, refuse de se déplier correctement. Ordre est donné aux deux hommes de rentrer. Tant pis pour la mission, cela attendra.

Pesquet le sait, l'aventure spatiale est jonchée d'imprévus plus ou moins délicats. Le 17 juin, il profite d'une interview sur France Inter pour narrer la mésaventure de la veille : « Ça ne s'est pas passé comme on l'avait préparé. On a dû sortir le plan B, puis le plan C. Pour moi, cette troisième sortie était un cran au-dessus des deux autres en termes de complexité. J'avais aussi un sentiment de risque en étant suspendu par les pieds accrochés à ce truc qui est haut comme deux frigos. J'ai vérifié dix fois que mes talons étaient bien engagés dans le système parce que c'est la seule chose qui nous lie au bras robotique. On a fini fatigués et on avait mal partout. »

Harassé par cette sortie ratée et par la décharge d'émotions née de cette heure passée dans le vide à attendre, Thomas prend le temps de se reposer avant de repartir au front. En attendant de sortir de nouveau, un autre chantier d'importance l'attend. Il doit en effet installer avec ses compagnons le troisième W.-C. livré par cargo quelques jours plus tôt. En attendant de prendre le commandement, le Français se distingue par ses connaissances en plomberie. Il lui faut plusieurs heures et beaucoup de ténacité pour doter l'ISS de nouvelles toilettes. Un petit pas pour l'homme, un grand pas pour la salubrité.

Les dons de mécanique et de bricolage du Normand font merveille lorsque arrive la nouvelle journée de sortie pour installer le panneau solaire. Si Shane doit encore faire face à quelques soucis avec son équipement, Thomas parvient à déployer le matériel. Après plus de six heures de lutte acharnée, le panneau de 19 mètres de long est à sa place. Certes, il faudra revenir boucler le travail, mais l'essentiel est fait et tous, astronautes à bord et personnel au sol à Houston, peuvent laisser exprimer leur joie. Thomas fête cette sortie amplement réussie. Quarante-huit heures après cette petite victoire, l'ISS baigne dans une atmosphère réjouissante et musicale. Thomas ressort son saxophone, laissé bien à l'abri dans la station pendant plusieurs années. Le mélomane français est accompagné par son camarade nippon Noguchi, qui excelle au piano. Depuis dix-huit ans, un clavier est installé à bord. On doit cette curiosité à Carl Walz, un astronaute américain fou de musique. Soichi et Thomas font vibrer les notes sans craindre la pesanteur, frappant les notes avec dextérité tout en flottant. L'été pointant le bout de son nez, c'est aussi l'occasion pour le passionné de sport qu'est Thomas de suivre les grands rendez-vous. À cause de l'épidémie de la Covid, le championnat d'Europe de football prévu en 2020 se déroule pour la première fois lors d'une année impaire. Voir des pros du ballon rond à des centaines de kilomètres au-dessus des pelouses, c'est une manière de conserver le lien avec les réalités du monde d'en bas et de vivre des émotions fortes.

Pesquet a besoin de ces moments de légèreté qui viennent astucieusement s'insérer dans un planning très chargé. C'est aussi un moyen de faire redescendre la pression à l'approche d'une nouvelle sortie extravéhiculaire, prévue le 25 juin. L'objectif de cette nouvelle sortie est simple, il faut finir le boulot et installer pour de bon les gigantesques panneaux solaires. Six heures quarante-cinq sont nécessaires pour clôturer l'affaire, ce qui satisfait pleinement le Français : « Cette fois ça y est, on n'a même pas eu à improviser, ni à faire du bricolage, ni à entrer dans le sas pour vérifier le scaphandre. C'était presque facile, mais on est épuisés ! »

Contrairement à ce que l'on pourrait croire, la mission Alpha n'est pas un programme composé uniquement de nouveautés. Pour Thomas, une bonne partie du temps est consacrée à la poursuite d'expériences menées lors de la mission Proxima. Le temps est un allié précieux en sciences, et certains travaux nécessitent beaucoup, beaucoup de temps.

Il en va ainsi pour Fluidics, dont le but est l'amélioration du système de pointage de l'imagerie par satellite, qui souffre des effets du ballottement des fluides dans les réservoirs. Le fait d'être en orbite modifie considérablement le comportement de ces fluides, qui ont tendance à remonter dans les réservoirs. L'étude de cette attitude est précieuse, car elle va impacter le travail au sol des chercheurs de l'ENS de Paris-Ulm, qui vont pouvoir tester leurs théories de turbulence d'ondes et comprendre, entre autres, le comportement des vagues à la surface des océans.

Pour les équipes du CADMOS, l'implication de Thomas est très importante. D'ailleurs, de nombreuses expériences menées par l'astronaute en 2017 servent, quatre ans plus tard, dans l'ISS. L'application sur tablette Everywear sert ainsi au traitement des données de l'expérience Lumina tandis que l'échographe ECHO est utilisé par les Canadiens pour leurs recherches sur l'élasticité des muscles et des artères. Enfin, Thomas entame le deuxième volet du projet sur les surfaces intelligentes qui repoussent les microbes, projet dénommé Matiss et qui sera fort utile à la fois sur Terre et à bord de la station.

La variété des travaux permet à Pesquet de ne jamais s'ennuyer. Bien qu'il fasse partie d'une grande chaîne, l'astronaute sait que son rôle contribue à poursuivre l'aventure humaine dans l'espace. Son ouvrage n'est pas limité aux expériences directement commanditées par la France ou l'Europe. Dans l'ISS, c'est le monde entier qui travaille main dans la main. Ainsi, Thomas se met au service de la NASA pour le programme Plant Water Management, qui consiste à trouver les moyens pour les astronautes de devenir de véritables agriculteurs de l'espace en faisant pousser leurs propres aliments, malgré les conditions toutes particulières régissant la vie à bord. Dès qu'il a une minute de libre, le Rouennais s'adonne à l'un de ses passe-temps favoris, la communication et la pédagogie. Qu'il discute avec une classe de l'Orne ou qu'il partage des clichés de tel ou tel coin du monde, le pilier de l'ESA maintient en permanence ce lien avec ses semblables restés sur Terre. C'est pour eux qu'il s'échine chaque jour, pour eux qu'il travaille si dur. Loin d'être égoïste, il met en scène son voyage afin que tout le monde puisse en profiter. Qu'il se filme lui-même ou qu'il mette l'accent sur ses partenaires, il y a toujours la volonté, derrière telle ou telle image – drôle ou croustillante – d'un enseignement à tirer pour nous qui sommes bloqués sur le plancher des vaches. Journalistes, écoliers ou quidams, nous sommes toujours intrigués par les petites choses du quotidien. Comment les astronautes font-ils pour se laver ? Pour se brosser les dents ? Pour passer l'aspirateur ou pour aller aux toilettes ?

Thomas ne balaie pas ces questions d'un revers de main et ne montre aucune condescendance. Il a pris conscience que ces moments de vie nous rendent la vie dans l'espace plus abordable, plus intelligible qu'un verbiage scientifique autour des expériences pourtant si cruciales. Si les gens veulent savoir, alors il faut qu'ils sachent. Cette précaution qu'a le Français à nous expliquer les petits détails fait de lui un homme éminemment sympathique et nous prouve que nous faisons tous partie d'un grand tout. Il n'y a pas les surhommes d'un côté, les héros, et nous, insignifiants anonymes. L'un des sujets qui revient en boucle dans les conférences de presse comme dans les salles de classe, c'est la brûlante question des besoins quotidiens. Oui, Thomas et ses collègues doivent eux aussi se soulager, et ils le font de manière peu académique. Pour parvenir à leurs fins, les astronautes doivent se sangler au-dessus de la cuvette. Pour la petite commission, on aspire à l'aide d'un long tube en plastique. Pour la grosse commission, c'est tout un équipement qui est nécessaire. Aspirateur et ventilateurs, compartiment de stockage et filtres en tout genre sont de sortie. Quant aux déchets, ils viendront remplir un véhicule ravitailleur qui se détruira dans l'espace. L'urine, elle, est filtrée, traitée, purifiée et devient – grâce à toutes ces manœuvres – une excellente eau potable.

Voilà trois mois que Thomas est à bord de l'ISS. Trois mois qu'il est loin d'Anne et loin des siens. S'il poursuit conjointement son rêve et son travail, il ressent – et c'est bien normal – un petit coup de moins bien. La solitude et la fatigue se font sentir, et malgré des journées bien pleines, la mélancolie peut parfois se glisser dans les interstices. Le temps s'écoule différemment, et la charge mentale est telle qu'il faut savoir rester concentré pour ne pas sombrer. Malgré leur entraînement, leur préparation et un très haut niveau de qualification, le spectre de la dépression n'épargne pas les astronautes. De glorieux anciens ont pu expliquer comment ils ont su déployer une stratégie pour éloigner de leur psyché des peurs bien réelles. Plusieurs Français, dignes prédécesseurs de Pesquet, ont évoqué ce sujet auprès du site The Conversation. Ainsi, Jean-François Clervoy, membre de l'ESA durant les années 1990, témoigne : « Les astronautes sont des machines pensantes surentraînées… même au décollage. On se sent Superman parce qu'on est en confiance… la posture "supermanesque" est avant tout un pare-feu aux émotions négatives, telles que la peur et l'angoisse qui pourraient littéralement nous paralyser, nous figer. »

Toutes les agences spatiales veillent évidemment au bon équilibre psychologique de leurs ouailles avant et pendant les missions. Certaines, à l'instar de l'ASC canadienne, ont mis en place un véritable accompagnement de leurs astronautes, mais aussi des familles de ces derniers. Des outils sont élaborés par des soignants spécialisés. On veille à ce que l'astronaute ait de véritables temps de pause et de détente, et on insiste sur les vertus réconfortantes de regarder la Terre d'en haut. Comme pour les enfants séparés de leurs parents durant de longues colonies de vacances, l'agence canadienne envoie des colis de réconfort à ses astronautes via les vaisseaux cargo. Sucreries, petits cadeaux, objets personnels sont là pour mettre du baume au cœur et combler le manque. Les spécialistes au sol ont parfaitement identifié des périodes plus problématiques dans les longs séjours sur le plan mental. Une fois l'excitation de l'arrivée amoindrie démarre une phase plus critique, aux alentours du deuxième et troisième mois. La découverte est passée et le retour semble encore très loin. En ce mois de juillet, Thomas est au cœur de la période délicate. Sans se plaindre, il fait tout de même part d'une certaine lassitude aux journalistes de France 24 et RFI : « Parfois, on peut trouver le temps un peu long. Contrairement à ma première expérience, il y a peut-être moins le plaisir de la découverte, l'excitation de se dire : "je suis dans l'espace et cela va être la seule fois de ma vie". C'est aussi un peu difficile d'être loin des miens, mais il faut être patient, heureusement on arrive à rester en contact régulier en visioconférence. »

Tout en pudeur, Thomas met le doigt sur un problème peu évoqué par les professionnels de l'espace. Tout se mêle, la sensation de remplir son devoir coûte que coûte, la foi en sa mission, le fait de mesurer la chance que l'on a de faire partie d'un petit cercle de privilégiés. Difficile de se plaindre lorsqu'on vit une aventure si extraordinaire. Valentin Lebedev, cosmonaute soviétique embarqué à bord de la station Saliout 7 en 1982, prit moins de pincettes que notre Pesquet national dans son livre *211 jours dans l'espace*, sorte de journal de bord de son séjour. Le Russe relate en effet qu'au bout d'un certain temps, il ne pouvait même plus supporter l'odeur de son compatriote Anatoli Berezovoï et qu'il préférait ne plus lui parler de peur d'en venir aux mains.

Les fragilités mentales peuvent parfois s'exprimer de manière encore plus spectaculaire et pas forcément pendant les missions elles-mêmes. Voici la triste destinée de l'astronaute américaine Lisa Nowak, qui défia la chronique en 2007 et fit trembler la toute-puissante NASA.

La ravissante ingénieure en aéronautique embarqua, en juillet 2006, à bord de l'emblématique navette Discovery pour la mission STS-121. Plusieurs mois plus tard, Lisa agressa très violemment une femme officier de l'US Air Force à l'aéroport d'Orlando, en Floride. La raison de ce coup de sang ? Nowak, follement amoureuse de son collègue astronaute William Oefelein, était convaincue que la militaire entretenait une relation avec ce dernier. Cette mauvaise publicité poussa l'agence américaine à exclure purement et simplement ses deux astronautes et à renforcer le suivi psychologique de tous ses équipages.

Pour contrer le spleen, Thomas a trouvé la parade. Il sort son appareil photo et prend bon nombre de clichés de la planète bleue. Cette astuce, qui lui valut d'être très suivi lors de la mission Proxima, lui permet de lutter contre l'ennui. Il s'était promis d'en faire moins mais quand on aime, on ne compte pas, comme il le dit à France 24 : « Moins communiquer ! Faire moins de photographies et profiter plus du moment sans rien faire, juste regarder (rires). Non carrément pas ! Je n'y arrive pas. J'ai essayé, mais j'ai toujours envie de prendre mon appareil photo et, le week-end, quand la station passe au-dessus de tel ou tel endroit, c'est impossible que je ne mette pas mon nez à la fenêtre avec mon appareil. En plus, cette année, j'essaie d'innover en collant ensemble plein de photos à haute résolution et de réaliser une immense photo dans laquelle on pourrait zoomer à l'infini. J'avoue que j'ai échoué lamentablement dans ma tentative de me relaxer dans l'espace ! »

Flottant dans l'espace à des centaines de kilomètres de la surface de la Terre, l'ISS est un colossal paquebot composé de nombreuses parties distinctes. Depuis dix ans, des modifications ont été réalisées au sein de la station lors des différentes missions, mais aucune nouvelle structure n'a été ajoutée. En ce 21 juillet 2021, c'est donc un événement important qui se prépare. Les brillants ingénieurs russes de Baïkonour viennent de propulser le module Nauka, un élément important pour l'amarrage et le stockage. Équipé d'un système de navigation et de guidage, le module est chargé de matériel dernier cri, notamment un bras télescopique dernière génération de fabrication européenne, et il offrira aux équipages des espaces de vie supplémentaires comme une cuisine et des toilettes.

Cela fait plus de treize années que le module devait être amarré, mais de nombreux dysfonctionnements ont poussé l'agence russe à retarder le lancement. Problèmes sur le système de propulsion, fuites, contamination… Les pépins se sont accumulés et ont jeté le discrédit sur les têtes pensantes œuvrant dans le désert kazakh. Lancé grâce à une fusée Proton-M, Nauka avance paisiblement et sans encombre vers l'ISS. Mais la partie n'est pas encore tout à fait gagnée le 29 juillet.

Trois heures après la phase d'amarrage à la station, les propulseurs se rallument, contre toute attente. Pour Doubrov et Novitski, qui supervisent l'opération, c'est le branle-bas de combat. La puissance du système de propulsion du module est telle que l'ISS tout entière pivote et se déplace. À l'intérieur, la secousse est à peine perceptible pour les sept astronautes. Mais l'incident est suffisamment important et inattendu pour qu'on prenne soin de vérifier si aucun dommage n'est visible sur la station. Thomas et ses collègues ont vingt-quatre heures pour scruter de fond en comble les moindres recoins du paquebot volant. Plus de peur que de mal, aucun souci n'est à déplorer. Les conséquences de ce loupé retentissant se font plutôt au sol. Échaudés par les problèmes de leurs homologues russes, les experts de la NASA renforcent les contrôles et vérifications sur la capsule Starliner, qui doit bientôt rejoindre l'ISS.

Fabriquée par Boeing, Starliner est la concurrente directe du Dragon de Space X. En effet, depuis l'arrêt de la fabrication en interne en 2001, l'agence américaine dépendait des Russes et avait soumis – nous l'avons déjà évoqué – un appel d'offres remporté conjointement par le Boeing et la firme d'Elon Musk. Patatras, il n'y aura pas de vol habité estampillé Boeing pour le moment, les propulseurs de la capsule montrant des failles.

Havre de paix inclassable au sein de l'ISS, la Cupola est sans doute l'un des lieux préférés de Thomas. Observatoire unique, le dôme et ses sept hublots permettent à l'astronaute de contempler la Terre d'une manière unique. Là-haut, il a sans doute la plus belle vue sur la planète qui soit offerte à un être humain. Et cette

Terre, qu'il affectionne tant, est en grand danger. De l'espace, cette réalité est encore plus frappante. L'observateur Pesquet se mue dès lors en lanceur d'alerte, en contemplateur d'une catastrophe annoncée. Ses photos et ses prises de position font voler en éclats tous les discours climatosceptiques et la logorrhée des partisans de la production à tous crins. La belle bleue souffre en profondeur, et l'astronaute a le recul nécessaire pour analyser les profondes transformations qui sont à l'œuvre.

La sauvegarde de notre habitat commun, de notre bien le plus précieux, de la maison de l'humanité n'est pas une posture chez Pesquet. C'est un combat vital, essentiel. Il est le commentateur de la tragédie en cours, l'œil affûté du bouleversement et somme, sans poncifs et sans verve moralisatrice, ses contemporains de prendre conscience et d'agir. Tout le monde a un rôle à jouer, chacun à sa place. Lui ne se contente pas de regarder, il agit en tant qu'ambassadeur pour le changement climatique auprès de l'Unicef. Il n'est pas le seul, loin de là, mais toute sa vie est tournée vers cette lutte. Même son histoire d'amour est marquée du sceau du combat. En effet, Anne Mottet est elle aussi une actrice en vue sur ces questions, une spécialiste aguerrie aux questions d'élevage et de développement durable. Lui dans sa coupole, elle dans son bureau de l'ONU, chacun tient son rang et fait du mieux qu'il peut pour ajouter sa pierre à l'édifice avant que celui-ci ne s'écroule.

Au mois d'août, de terribles incendies ravagent la Grèce. L'épaisse fumée est visible depuis l'ISS, et le fléau qui touche le pays des pères de l'astronomie – Parménide et Ptolémée pour ne citer qu'eux – fait sortir Thomas de ses gonds. Il publie ainsi sur les réseaux, en date du 10 août : « Il est acté qu'on ne peut plus continuer à vivre sur cette planète comme on l'a fait jusqu'ici. Nous avons tous notre rôle à jouer, mais il faut aussi des mesures fortes avec une vision à long terme, prises par des décideurs. Rendez-vous à la prochaine Conférence sur le climat en novembre à Glasgow ? »

Il va plus loin, en se montrant solidaire de tous ceux qui luttent avec acharnement contre les conséquences abyssales du réchauffement climatique. Ainsi écrit-il, le 21 août : « ...la Grèce, le Canada, la Californie ne sont pas les seules zones touchées. Le Var et le Maghreb ont payé un lourd tribut, et mes pensées les plus sincères sont aujourd'hui avec les personnes sinistrées, leurs proches et avec ceux qui luttent pour maîtriser ces feux destructeurs. »

Passionné et concerné, Thomas l'est assurément. S'il décrit sans fioritures les dangers qui nous guettent, l'astronaute est tout aussi capable de se laisser emporter par la poésie et la beauté du monde. Rien de plus émouvant en effet que de contempler les magnifiques aurores boréales qui recouvrent le ciel de leurs draperies luminescentes. Bien qu'il n'assiste pas pour la première fois à ce spectacle, Pesquet est saisi par la puissance et la pureté de cette lueur verte provoquée par la rencontre des vents solaires et de la haute atmosphère. Dans sa coupole, l'homme de l'espace prend en plein cœur la magnificence de la nature qui sait créer, il est vrai, des instants hors du temps à même de toucher n'importe quelle âme racornie. Lorsqu'il redescend de son perchoir, Thomas retrouve ses compagnons à scaphandre pour quelques moments moins poétiques mais tout aussi joyeux. Les Jeux olympiques de Tokyo s'achèvent le dimanche 8 août. Sur Terre, au stade olympique de la capitale nippone, la gouverneure de Tokyo Yuriko Koike transmet le drapeau au président du CIO Thomas Bach, qui le transmet à son tour à la maire de Paris, Anne Hidalgo. Débute alors la présentation en vidéo des Jeux olympiques de Paris 2024. Le petit film, très bien fait, a pour fil conducteur *La Marseillaise*, reprise dans divers endroits mythiques de la Ville lumière, du musée du Louvre au Stade de France, en passant par l'ISS. On y voit en effet Thomas Pesquet jouer quelques notes de l'hymne national avec son désormais légendaire saxophone.

Amateur de sport et sensible aux valeurs de l'olympisme que sont le partage et la fraternité, Thomas rejoue la passation avec son ami japonais Akihiko Hoshide. La petite chorégraphie en apesanteur est un puissant message d'amitié envoyé de l'espace à la Terre et un joli clin d'œil à l'actualité qui rassemble plus de 3 milliards de téléspectateurs. Ambassadeur star de son pays, Thomas devient pour beaucoup le visage de la France à travers le monde… et l'Univers.

Revenons trente-cinq ans en arrière. Nous sommes le 28 janvier 1986. C'est le grand jour pour les sept membres de la mission STS-51-L. Après plusieurs reports dus à la météo et à quelques soucis techniques, leur navette Challenger doit enfin décoller. Depuis de longs mois, les sept camarades – tous américains – se préparent pour remplir les objectifs qui leur ont été assignés, observer la comète de Halley et déployer un nouveau satellite. Pour la première fois, une civile s'apprête à aller dans l'espace. Il s'agit de Christa McAuliffe, professeur dans le New Hampshire, sélectionnée parmi près de 12 000 candidats. Le but de l'opération est simple et correspond à la volonté du président Ronald Reagan de prouver que l'aventure spatiale appartient à tous les Américains. Christa est bien entourée et peut voyager sans crainte. À ses côtés, plusieurs anciens de Discovery, des membres de l'US Air Force et Dick Scobee, un ancien du Vietnam ayant déjà piloté la navette Challenger.

À 11 h 38, après quelques vérifications, Challenger est autorisée à décoller. Une minute et treize secondes plus tard, la navette se désintègre entièrement à 15 kilomètres du sol. Le monde entier assiste, médusé, à l'accident qui prend instantanément des airs de tragédie nationale et planétaire. C'est le premier grand drame dans l'histoire spatiale américaine, un drame qui sera suivi d'un autre, terrible lui aussi, frappant la navette Columbia en 2003 et qui fera le même nombre de victimes.

Parmi les astronautes décédés dans Challenger, il y a Ellison Onizuka. C'est le premier Américain d'origine asiatique à prendre part à une mission spatiale. Trente-cinq ans après sa disparition, la NASA décide de rendre hommage au natif d'Honolulu en donnant son nom au cargo ravitailleur Cygnus NG-16 qui doit rejoindre l'ISS. Ce cargo, Thomas et ses acolytes l'attendent de pied ferme. À l'intérieur, plus de 4 tonnes de matériel et de vivres indispensables aux membres de la mission Alpha, dont le fameux blob affublé du sobriquet « Blobi Wan Kenobi », en hommage au mentor de Luke Skywalker dans la mythique saga cinématographique de George Lucas, *Star Wars*. Le 12 août, après deux journées de vol, le cargo Onizuka est en approche de l'ISS. La vaillante Megan McArthur est aux manettes du bras robotique permettant de capturer l'engin ravitailleur. L'Américaine est assistée de Thomas dans cette opération qui requiert patience et précision. Le Français revient longuement sur l'opération en utilisant, comme bien souvent, ses réseaux sociaux : « Cela m'a rappelé mes années de pilote de ligne. Dans le cockpit, un des pilotes tient le manche pour faire voler l'avion et l'autre surveille les systèmes… La capture a eu lieu lorsque nous survolions l'Atlantique, au sud-ouest de Lisbonne. Le Cygnus est le plus lourd cargo ayant jamais ravitaillé la station spatiale et il va rester amarré trois mois… Maintenant, il ne nous reste plus qu'à tout débarquer ! Allez, au boulot ! »

Le déchargement du matériel est fastidieux et long. Les caisses s'agglutinent dans la soute, empilées les unes sur les autres, entourées d'épaisses sangles noires. Il y a évidemment des aliments en quantité, des produits d'usage quotidien, mais aussi les précieux éléments nécessaires à la poursuite des expériences diverses et variées. Pour Thomas, ces caisses sont la promesse de nouveautés, et bien que la tâche soit particulièrement ingrate, les trésors cachés laissent entrevoir des journées haletantes et surprenantes. Pour Eklosion, Thomas met la main sur des graines d'œillets « double nain » sélectionnées par les étudiants initiateurs de l'expérience et fournies par le semencier avignonnais Caillard, spécialiste dans le domaine depuis près de cent cinquante ans. Comme le Petit Prince avec sa rose, Thomas devra veiller sur ces petites graines, les arroser et les bichonner. L'apprenti cultivateur œuvre pour le CNES, quand son partenaire Shane œuvre pour le compte de la NASA. Pour l'Américain, point d'œillet, mais du piment et pas n'importe lequel. Le Hatch est une variété qui fait frémir les papilles gustatives de l'immense communauté latino au pays de l'Oncle Sam puisqu'on le retrouve dans les fajitas, les burritos et autres mets succulents appréciés par les descendants des immigrés du Mexique, du Costa Rica ou du Guatemala. L'objectif de l'expérience APH menée par l'agence américaine est sensiblement le même que l'Eklosion française, faire pousser des aliments comestibles dans la station afin que les astronautes puissent vivre en autosuffisance.

Thomas va plus loin encore à travers son projet de mousse comestible baptisé Edible Foam. L'idée, née durant la mission Proxima, est de créer des emballages-aliments. Exit les boîtes plastiques qui polluent, prennent une place considérable et gênent la mobilité des personnels dans l'ISS. L'avenir est au contenant pouvant se manger. En bons représentants de la gastronomie française – chacun son soft power –, Pesquet et le CNES ont mis sur pied des boîtes en partie comestibles et ont profité de l'expertise de la maison Pillon de Toulouse. Fondée en 1967, la pâtisserie-chocolaterie de la place des Salins est une des places fortes du goût en France et a repris bon nombre d'institutions, du Négus à Nevers à La Mère de famille à Paris. D'autres grandes adresses, comme la Maison Darnis dans le Lot, ont collaboré avec les chercheurs du CNES pour créer des mousses à la saveur délicate. Une innovation dont s'enorgueillit Rémi Canton, manager du CADMOS et chef au sol de la mission Alpha : « Nous utilisons actuellement des mousses fabriquées à partir de dérivés du pétrole. Elles sont grises et inutiles à bord de la station. Au départ, nous avons donc testé une protection entièrement consommable, mais elle manquait de rigidité face aux vibrations d'un lancement. On a donc amélioré cette mousse blanc et orange. Le blanc correspond à un bioplastique 100 % recyclable et l'orange se mange. »

Si le public français suit avec gourmandise le quotidien étonnant de sa star spatiale, il aime par-dessus tout échanger en direct avec Thomas Pesquet. Très occupé, l'astronaute a rarement le temps de se poser pour échanger longuement avec ses groupies, alors chaque rendez-vous devient un événement très suivi. En ce mercredi 22 septembre, c'est l'audiovisuel public qui décroche le gros lot, car Thomas est l'invité de Fabienne Sintes, la présentatrice du « Téléphone sonne », l'une des émissions les plus suivies de France Inter. À tout seigneur tout honneur, et c'est un parterre prestigieux d'invités qui est réuni pour poser des questions à Thomas. Mathieu Vidard, producteur et animateur de l'émission « La Terre au carré ». Depuis 2019, ce rendez-vous quotidien consacré aux sciences s'intéresse tout particulièrement à l'écologie et au développement durable, des thèmes chers à Pesquet. Autre pilier de la radio, Sophie Bécherel officie sur les ondes depuis vingt-cinq ans et porte la casquette de spécialiste scientifique. Sintes s'entoure enfin de Jean-Pierre Haigneré, ancien astronaute et l'un des modèles de Thomas. Après une carrière de pilote au sein de l'armée de l'air, Haigneré participa à plusieurs missions habitées sur la station russe Mir et fut chef des astronautes de l'ESA à Cologne. Comme son digne successeur rouennais, le Parisien a énormément œuvré à l'éducation populaire et à la transmission, plaçant les populations au cœur de l'aventure spatiale.

Le quatuor assis autour de la table est là pour diriger les débats et appuyer les questions des anonymes, qui sont des milliers à vouloir contacter le passager de l'ISS. Comme à l'accoutumée, Thomas choisit le cadre du laboratoire Columbus pour se soumettre au périlleux exercice médiatique. Bien qu'il soit membre d'une expédition internationale, il reste le porte-étendard du savoir-faire et des intérêts de l'Agence spatiale européenne. Flottant dans l'air, l'astronaute est jovial, à l'aise, disponible et à l'écoute. En préambule, il communique une information importante aux auditeurs, celle de sa localisation.

« Je suis à peu près au Brésil, on va passer la côte du Brésil. On est au nord de Salvador de Bahia, on a traversé l'Atlantique, on sera au-dessus de l'Espagne dans quelques minutes. »

Pesquet répond du tac au tac, sans jamais se départir de son sourire. Il part du principe qu'aucune question n'est idiote et que toutes méritent une réponse à la hauteur. Ainsi, lorsqu'un enfant de CP lui demande comment il est possible d'avoir de l'électricité à bord de l'ISS, l'homme de l'espace se mue en professeur des écoles et fait part de l'installation récente des panneaux solaires, objets de ses dernières sorties extravéhiculaires, capables de fournir environ 140 kWh d'électricité. Aucun moyen et aucune envie de se dérober. La volonté de faire des gens des acteurs à part entière de la mission doit passer par une exigence de transparence. Un lycéen, qui semble suivre avec attention les événements de l'ISS, cherche à connaître les émotions de Pesquet lors du début d'incendie ayant eu lieu quelques jours plus tôt. Thomas est clair, ne se cache pas, mais tient à rassurer le lycéen : « La première chose à laquelle j'ai pensé, c'est de sauter dans mes habits pour ne pas sortir de mon sac de couchage en caleçon ! Après ça, on a une réaction qui est mémorisée, conditionnée, c'est l'entraînement d'un astronaute, on a répété ça des centaines de fois. Quelque part, on bascule en mode automatique [...]. C'est vrai qu'on a eu quelques événements, on a eu aussi une petite excursion de la station pendant laquelle on a un peu perdu le contrôle de l'orientation, mais on l'a récupéré. »

Le lundi 4 octobre est un jour à marquer d'une pierre blanche dans l'histoire de l'aérospatiale française. Pour la toute première fois, un représentant de l'Hexagone devient commandant de la Station spatiale internationale. Contrairement à ce que l'on peut croire, le commandant ne pilote pas l'ISS, mais il est le seul maître à bord. Pour Thomas, les journées ne vont plus être tout à fait les mêmes. Ces nouvelles responsabilités impliquent une légère modification de l'emploi du temps. Chaque matin, à compter de ce 4 octobre, il va s'entretenir durant quinze minutes avec les directeurs de vol au sol, qu'ils soient à Houston (NASA), Moscou (Roscosmos), Munich (ESA) ou Tsukuba au Japon (JAXA). C'est surtout en cas de gros problème que son rôle devient fondamental. Trois scénarios d'urgence ont été définis et permettent au commandant de tenir les rênes de l'ISS sans attendre les instructions du sol : la détection de toxicité dans l'atmosphère, la dépressurisation et l'incendie. Dans ces cas extrêmes, et uniquement dans ces cas-là, le chef doit sauver coûte que coûte la vie de ses partenaires en les obligeant à se rendre à bord des capsules Soyouz et Crew Dragon, constamment arrimées à la station.

Akihiko remet la fameuse clé dorée à son cadet français, qui s'empresse de déclarer, après avoir remercié son ami : « Maintenant, c'est à mon tour d'essayer de faire un bon boulot pour garder la mission en sécurité, achever nos tâches opérationnelles et revenir vers ceux qu'on aime en bonne santé et heureux. »

L'une des premières tâches assignées au commandant Pesquet est tout à fait originale. Pour la toute première fois, une équipe de cinéma a eu l'aval pour rejoindre l'ISS afin de tourner un film. Cette grande première est une démonstration de force de la puissante Agence spatiale russe, Roscosmos. Face aux avancées prodigieuses des sociétés privées américaines dans le domaine du tourisme spatial, Moscou veut poser son empreinte et crier au monde son rôle prédominant dans les étoiles. En dépêchant des caméras dans l'ISS, la toute-puissante Russie damne le pion à Hollywood. Certes, le cinéma russe est moribond et incapable de rivaliser sur le terrain de la fiction. Pas d'*Interstellar* ou de *Gravity* en mode toundra mais, dans la réalité, c'est bien le pays des Tsars qui fait office de pionnier.

Thomas doit accueillir, dès le lendemain de sa nomination, ces drôles de voyageurs. C'est un improbable trio qui a décollé de Baïkonour et qui va entrer dans l'ISS. Il y a tout d'abord le cosmonaute vétéran Anton Chkaplerov, qui connaît par cœur la station pour avoir participé aux expéditions 29, 30, 42, 43, 54 et 55 entre 2011 et 2017. Le natif de Sébastopol détient le record de la plus longue EVA réalisée par un Russe et doit encadrer ses deux compatriotes civils, l'actrice Ioulia Peressild et le réalisateur Klim Chipenko. À 37 ans, Ioulia est une des figures de proue du théâtre des Nations, vénérable institution culturelle d'État. Sélectionnée parmi de nombreuses candidates, la comédienne a été la star d'une émission de téléréalité inédite orchestrée par le pouvoir poutinien et ses satellites médiatiques. Klim, lui, est un jeune réalisateur en vogue, primé dans plusieurs festivals internationaux. Les deux novices le savent parfaitement. Il s'agit de marquer l'histoire, pas de réaliser un chef-d'œuvre. Le film qu'ils préparent, *Le défi*, narre la difficile opération en apesanteur menée par une chirurgienne sur un cosmonaute blessé. On est très loin d'un Oscar ! L'enjeu est ailleurs : marquer l'histoire. D'ailleurs, le titre du film évoque tout autant la mission du personnage que celle de l'actrice et de son réalisateur. Quelques jours avant le grand départ, Peressild avait bien du mal à cacher son excitation aux journalistes du site Euronews : « Nous nous sommes préparés autant qu'il est possible de le faire en si peu de temps. Je ne veux pas dire que j'ai peur, je suis très excitée et joyeuse, car très peu de personnes sont allées dans l'espace. Nous avons cette chance, non seulement d'aller dans l'espace, mais aussi de faire ce que nous savons le mieux sur Terre : faire du cinéma. »

Le séjour du duo doit durer douze jours, temps nécessaire pour mettre en boîte le petit film dont on ne sait pas vraiment s'il s'agit d'une œuvre de fiction ou d'un support de propagande, et qui a coûté la rondelette somme de 35 millions de dollars. Thomas, lui, n'a que faire des considérations géopolitiques cachées derrière ce tournage extraordinaire. Il doit être un hôte agréable et accueillant, voilà tout. Bien évidemment, il est hors de question d'apparaître dans le film, mais bel et bien de faciliter le travail de « ses » invités. Seuls les cosmonautes Chkaplerov, Doubrov et Novitski sont tenus de figurer dans *Le défi*. Le 17 octobre, lorsque Ioulia et Klim repartent, le commandant Pesquet se fend d'un petit message empli de bienveillance : « Un grand bravo à Klim et Ioulia qui se sont adaptés à l'ISS comme des poissons dans l'eau ! Nous avons tous hâte de voir le film ! »

Voilà bientôt six mois que Thomas a rejoint la Station spatiale internationale pour son deuxième voyage et un mois qu'il est aux commandes du colossal paquebot flottant autour de la Terre à des centaines de kilomètres du sol. Le Normand le sait, il est bien plus proche de la fin que du début. Sans crier victoire, Thomas commence à imaginer son retour. Aucune date précise n'a été fixée, mais le parfum de l'atterrissage flotte dans l'air.

L'astronaute doit boucler son lourd programme expérimental et veiller à ce que ses collègues en fassent autant. Par ailleurs, il doit jouer à plein son rôle médiatique en offrant ici et là quelques entretiens. Tout le monde veut connaître son état d'esprit à quelques semaines du retour, à commencer par le président de la République française, Emmanuel Macron. Le 4 novembre, le président prend place dans un des bureaux de l'Élysée pour s'entretenir avec le héros national. Bien que la communication soit techniquement hasardeuse, les deux hommes parviennent à échanger durant plus de vingt minutes. L'astronaute revient longuement sur l'état d'esprit qui est le sien : « Les derniers jours sont un peu particuliers. C'est vrai qu'on a des incertitudes sur la date de retour, mais ça fait partie de la mission, évidemment. Quand on s'embarque sur une mission comme ça, on sait que ce genre de choses peut arriver. Quelque part, moi je trouve que c'est presque une bénédiction, ça nous permet d'avoir quelques jours dans la station avec évidemment encore du travail, mais toute notre liste de choses à faire, on l'a faite, on l'a finie. On est prêts au retour donc quelque part ce sont quelques jours pour moi, donc j'essaie d'en profiter au maximum. C'est un peu comme un sas avant de revenir sur Terre et de retrouver mes proches et ma famille. »

Tout sourire, Emmanuel Macron pose lui aussi quelques questions sur le quotidien de l'astronaute. Si ces interrogations sont récurrentes et pourraient lasser Thomas, ce dernier a bien conscience qu'il est de son devoir d'y répondre comme si c'était la première fois. Naturel, charmeur, l'astronaute captive le premier élu de France qui redevient, pour un court instant, un grand enfant ébahi. Le président Macron, friand de se projeter dans l'avenir, tente de connaître les futures étapes de l'aventure spatiale et du parcours de son glorieux compatriote. Les réponses de Pesquet sont concises et instructives : « [...] ce qu'on fait aussi à bord de la station, c'est préparer la suite de l'exploration, c'est vraiment utiliser cette station comme une étape, apprendre à vivre dans l'espace sur le long terme. Ça fait plus de vingt et un ans aujourd'hui qu'on a une présence humaine ininterrompue dans l'espace [...] et ça, ça va nous permettre d'aller plus loin, en fait. Le but, c'est pas d'en rester au voisinage de la Terre, le but, c'est d'aller plus loin, c'est vraiment de retourner vers la Lune, mais de manière plus durable. Pas seulement pour y planter un drapeau, mais pour y établir une base, pour y apprendre des choses scientifiquement. Puis, dans quelques années encore, d'aller vers Mars, parce que Mars c'est vraiment là où on va répondre à des questions fondamentales : d'où on vient ? Où est-ce qu'on va dans l'Univers ? Est-ce que ce qui peut arriver à Mars – perdre son atmosphère, perdre son eau liquide – ça peut nous arriver à nous sur Terre ? C'est quand même des questions qui nous intéressent en ce moment [...]. »

En attendant de poser le pied sur la Lune et plus encore sur Mars, il faut d'ores et déjà revenir sur Terre. Thomas, Megan, Shane et Aki n'ont pas encore reçu d'instructions précises quant à la date, mais ils savent que ce n'est plus qu'une question d'heures. Alors ils goûtent ces derniers instants, plongent leur regard dans l'immensité, se réfugient dans la Coupole pour contempler ce monde, leur monde, qu'ils retrouveront bientôt. Dans leur regard, on perçoit déjà le manque. Thomas évoque cette drôle de sensation sur son fil Twitter : « Sentiment doux-amer à l'idée de quitter l'ISS. Quand on y pense, c'est vraiment un lieu magique, presque impossible à atteindre et qui vous donne des superpouvoirs, comme voler ou faire le tour du monde en une heure et demie. Ça ressemble quand même un peu à un rêve éveillé. »

Pour contrer le spleen qui les envahit peu à peu, les quatre astronautes s'appliquent à régler les derniers détails nécessaires. On ressort du placard les combinaisons afin de vérifier que tout va bien et qu'on rentre toujours dedans. En effet, le risque est réel puisque, en six mois, les voyageurs ont vu leur morphologie considérablement changer. L'entraînement physique intensif et les effets de l'impesanteur peuvent amener certains astronautes à ne plus pouvoir rentrer dans leurs scaphandres, ce qui compromettrait le succès du retour. Fort heureusement, tout va bien de ce côté-ci. Les instructions tant attendues en provenance du sol parviennent enfin à l'ISS. Le grand départ est fixé au 8 novembre et le Crew Dragon arrivera sur mer, au large de la Floride, dans le golfe du Mexique.

Le fait d'amerrir n'est jamais une chose aisée, tous les astronautes le savent. En 1961, la capsule Liberty

Bell plongea dans l'Atlantique et l'eau pénétra à l'intérieur. Fort heureusement, Gus Grissom, l'un des premiers Américains envoyés dans l'espace, parvint à se tirer d'affaire in extremis. Malheureusement, Grissom mourra six ans plus tard dans l'incendie tragique d'Apollo 1. Soixante ans plus tard, la technologie a considérablement évolué et, pour les membres de Crew 2, l'amerrissage est juste une donnée supplémentaire à prendre en compte, non une réelle source d'angoisse. Le moment tant attendu arrive. Thomas et ses trois partenaires saluent chaleureusement ceux restés à bord et filent à travers le sas séparant la station de leur capsule.

Crew Dragon, le petit bijou technologique concocté par Space X, fonce à toute vitesse vers la Terre, passant de 400 kilomètres-heure à 150 kilomètres-heure en quelques secondes grâce au concours d'un immense parachute qui permet de graduer la descente. D'autres parachutes, plus petits, permettent de freiner le vaisseau qui vient paisiblement s'échouer dans les eaux turquoise de l'Atlantique. Dans l'immense salle de contrôle de la NASA, des cris de joie se font entendre. Aucun incident à déplorer, tout s'est très bien passé. L'immense barge de récupération, autre trouvaille d'Elon Musk, se lance alors dans la délicate opération qui consiste à hisser sans encombre la capsule. Crew Dragon est au sec et à l'intérieur, les quatre membres d'équipage sont tout sourire, prenant même le temps de saluer la caméra qui les filme. Après l'ouverture de l'écoutille, Thomas et ses compagnons sont extraits un par un de leur cage d'acier. Déboussolé – quoi de plus normal après l'épreuve intense qu'il vient de traverser –, l'astronaute français est rapidement pris en charge par les équipes médicales de la NASA dépêchées sur place. Allongé sur une civière, Pesquet clôt son deuxième voyage, regardant au loin les étoiles qui scintillent.

18

Le futur, c'est maintenant

Après de longues semaines de rééducation, étapes nécessaires pour reprendre les bases de la vie sur Terre, et les multiples examens auxquels il doit se plier en tant que « cobaye », Thomas reprend peu à peu goût aux plaisirs de la vie terrestre. Harassé par la mission Alpha, le Normand sort des radars pendant quelque temps afin de profiter enfin d'Anne, de ses amis et de sa famille. Nageant dans le bonheur, Pesquet n'en reste pas moins un homme de sciences et d'aventures, et il lui est bien difficile de rester en place.

Il faut dire qu'au début de l'année 2022, l'actualité aérospatiale ne fait rien pour laisser le Français paisible. Les Américains ont mis un coup d'accélérateur dans leur projet d'aller de nouveau sur la Lune, et

Thomas suit pas à pas la moindre évolution du vaste programme Artémis. Le nom de ce projet pharaonique évoque la déesse grecque Artémis, sœur jumelle du dieu Apollon, lequel donna son nom au premier vol états-unien à destination du satellite de la Terre, le célèbre Apollo.

Face aux velléités russes, chinoises et européennes d'installer des bases lunaires, l'Amérique de Trump annonce fièrement en 2019 qu'elle enverra des hommes sur la Lune à l'horizon 2024. C'est le début du programme Artémis, soutenu par l'administration Biden à son arrivée au pouvoir en février 2021. En avril de la même année, c'est Space X qui remporte le marché du vaisseau amené à déposer les astronautes. Ce choix de la NASA provoque la colère de Jeff Bezos, patron de Blue Origin, candidat malheureux. Une colère de courte durée puisque la firme spatiale du père d'Amazon décroche le marché de l'atterrisseur lunaire au printemps 2023.

Les principales puissances spatiales – exception faite de la Chine et de la Russie – annoncent rapidement collaborer avec les Américains dans le cadre de la mission Artémis. Canadiens, Japonais, Européens, tous concourent à la réussite de l'ambitieux projet. Cette coopération internationale, soutenue par Thomas, lui permet de rêver un peu plus fort à cet objectif qu'il s'est fixé : faire partie de la nouvelle génération d'hommes à poser le pied sur la Lune. Si les astronautes américains sont prioritaires et pour la plupart déjà sélectionnés, le premier Européen devrait théoriquement alunir en 2028 dans le cadre de la mission Artémis 4. En attendant ce jour glorieux, Thomas a les yeux rivés sur son écran ce lundi 29 août 2022. Ce jour est essentiel, car la mission Artémis 1 doit s'envoler de Floride. Il s'agit d'un vol d'essai, sans équipage à bord, mais il va permettre de tester le matériel en conditions réelles. La fusée géante de la NASA, baptisée SLS, doit effectuer une poussée spectaculaire, puis placer la capsule Orion, toute revêtue de panneaux solaires dernier cri, sur la trajectoire de la Lune. Une fois arrivée à 100 kilomètres de distance de notre satellite, la capsule, propulsée par un module de service européen, doit entrer en orbite lunaire et effectuer une fois et demie le tour de la grosse boule blanche.

À bord, Arturo Campos, Zohar et Helga. Ce ne sont pas les noms de collègues de Thomas, mais ceux donnés à trois mannequins munis de capteurs permettant de tester les réactions « humaines » en vue des prochaines échéances. Munis de combinaisons orange, Arturo – ce nom a été choisi en hommage à un véritable ingénieur de la NASA qui sauva l'équipage d'Apollo 13 – et ses collègues aux courbes féminines, Zohar l'Israélienne et Holga l'Allemande, doivent fournir de précieuses informations aux ingénieurs, notamment en ce qui concerne l'exposition aux radiations. Malheureusement, malgré toutes les précautions d'usage, le lancement d'Artémis 1 est retardé, puis annulé par la NASA avant d'être reprogrammé en novembre. Cette fois-ci, c'est une réussite totale et, le 11 décembre, la capsule Orion effectue un retour glorieux au large des côtes mexicaines.

Pesquet n'a pas perdu une miette de ces avancées spectaculaires. Il s'y voit déjà, mais sait qu'il faudra s'armer de patience. La NASA a établi un calendrier idéal, mais doit composer avec les retards de fabrication pris par les différents fournisseurs, et notamment Space X qui a bien du mal à avancer sur son alunisseur. Idéalement, Artémis 2 devrait décoller à la fin de 2024 et permettra d'envoyer une capsule habitée faire le tour de la Lune. Quant à Artémis 3, le volet qui permettra de poser un pied sur le sol craquelé, on parle de 2025. Au-delà, il y a bien évidemment Mars, le rêve ultime et insensé de nombreux astronautes, qui charrie les espérances et les fantasmes les plus fous de l'humanité. Selon Charles Frankel, l'éminent spécialiste franco-américain de la planète rouge, il reste beaucoup d'étapes à franchir avant d'atteindre cet objectif ahurissant. Le consultant de la NASA s'attarde longuement sur ces problématiques dans un documentaire où il apparaît, en 2016, aux côtés de Thomas Pesquet : « On arrive à une vitesse comprise entre 5 et 6 kilomètres par seconde dans l'atmosphère martienne avec un véhicule très lourd. Pour le moment, on a réussi à poser 1 tonne sur Mars. On sait faire avec un parachute, un airbag… mais un module piloté pèse 30 tonnes. Il faudra un bouclier thermique de 25 mètres de diamètre.

Il faut aussi ajouter un parachute qui continue de freiner le vaisseau, car il arrive à 2 000 kilomètres-heure. Ce parachute devra être aussi grand qu'un terrain de football lorsqu'il s'ouvrira ! Mais ce n'est pas fini, car le vaisseau aura alors une vitesse de descente proche des 300 kilomètres-heure. Donc, pour vraiment se poser sur Mars, il faudra terminer l'opération par l'utilisation de rétrofusées de très grande puissance. Tout ça doit être parfaitement agencé parce que si vous avez un seul problème, vous êtes mort ! »

Si l'excentrique Musk prévoit l'arrivée des premiers hommes sur le sol martien aux alentours de 2030, la NASA se veut plus raisonnable dans son approche. Pour l'agence américaine, l'ambition est réelle de pérenniser la présence humaine sur Mars, mais cette volonté doit tout d'abord surmonter un tas d'obstacles. La mission lunaire et l'installation d'un avant-poste sur notre satellite naturel sont une des étapes clés de la conquête martienne. Les relevés des rovers Curiosity et Perseverance nous en apprennent chaque jour un peu plus sur la planète éloignée ; leur objectif est de nous apporter les preuves d'une habitabilité passée afin d'envisager une habitabilité future. Autre problème de taille sur lequel se penche la NASA, c'est la durée du trajet. Les transports interplanétaires ne sont pas chose facile et si la Lune paraît accessible – 300 000 kilomètres nous séparent d'elle –, c'est une tout autre histoire pour Mars, distante de plusieurs dizaines de millions de kilomètres. On estime pour le moment qu'il faudrait environ vingt mois pour faire l'aller-retour. C'est compter sans la prodigieuse volonté humaine de se surpasser. Ainsi, les Américains suivent avec attention les travaux universitaires en cours, et notamment la recherche sur un nouveau système de propulsion, la propulsion nucléaire bimodale qui s'appuie sur le nucléaire thermique et le nucléaire électrique. Si jamais cette technologie fonctionne, le voyage aller-retour vers la grande rouge serait réduit à quarante-cinq jours. Mais nous en sommes encore loin, et Thomas aussi. Malgré ce réel fracassant et les affres de l'âge, notre héros français garde intact l'optimisme qui le caractérise. La Lune, il y croit dur comme fer. Mars, il en rêve. Ce rêve inaccessible, fou est de ceux qui galvanisent un homme et l'humanité tout entière. Comme dit l'adage, ce qui compte n'est pas la destination, mais le chemin. La poursuite de ce rêve est le moteur sans cesse alimenté qui a poussé un petit garçon de Seine-Maritime à toujours se dépasser. Si les chances de fouler un jour le sol rouge s'amenuisent pour Thomas, on peut espérer que, dans quelques décennies, au crépuscule de sa vie, celui qui nous a tant fait rêver puisse assister à cette formidable aventure. Nul doute qu'il aura été, comme bon nombre de ses prédécesseurs, l'un des précieux artisans de cette incroyable épopée de l'humanité. Nul doute que ses beaux yeux bleus s'ouvriront bien grands pour assister au premier pas de l'homme à l'autre bout de la galaxie. Car voici le destin de celui qui parvint à atteindre l'inaccessible étoile chère au poète Jacques Brel dans « La quête » :

Rêver un impossible rêve
Porter le chagrin des départs
Brûler d'une possible fièvre
Partir où personne ne part
[...]
Tenter, sans force et sans armure
D'atteindre l'inaccessible étoile

★

Annexe

Chronologie de la conquête spatiale

Après avoir relaté les multiples péripéties et autres aventures de notre astronaute normand, il n'est pas inintéressant de revenir ici sur les différents événements à échelle internationale ayant marqué l'histoire de la découverte de l'espace. Du premier singe mis en orbite aux débuts de l'exploration de Mars, voici ici les grandes dates de la conquête spatiale, enjeu scientifique et sociétal majeur depuis plus de quatre-vingts ans.

Si l'on a tendance à dater, à raison, le début de l'exploration spatiale aux années 1950 dans le contexte de guerre froide opposant l'URSS aux États-Unis, il est important de noter que les progrès techniques considérables des deux forces mondiales et le début de leur « course aux étoiles » n'auraient pas été possibles sans des inventions datant de la Seconde Guerre mondiale. En effet, en 1944, le scientifique allemand Wernher von Braun développe le missile V2. S'il s'agit avant tout d'une arme de destruction utilisée par l'Allemagne nazie, ce missile constitue également un progrès technique considérable et attire tous les regards sur lui. En effet, le V2 devient le premier engin artificiel à être propulsé à plus de 100 kilomètres d'altitude. Autrement dit, il est le premier à dépasser la limite entre l'atmosphère et l'espace. Au lendemain de la guerre, les travaux de von Braun constituent une innovation majeure dans les domaines de la science et de l'armement, et sont récupérés par les États-Unis. Ils seront essentiels dans l'avancée des programmes d'exploration spatiale, notamment les programmes américains. Peut alors débuter, alors que la rivalité entre l'URSS et les États-Unis ne fait que s'attiser, la véritable course aux étoiles.

4 octobre 1957

C'est dans ce contexte que l'URSS franchit une première frontière et prouve sa supériorité au monde entier par l'envoi du satellite Spoutnik 1 (signifiant « compagnon de voyage »), développé par l'ingénieur ukrainien Sergueï Korolev, qui s'est d'ailleurs appuyé sur les travaux de von Braun. Le petit satellite de 58 centimètres est envoyé en orbite autour de la Terre à une altitude de 900 kilomètres. Il s'agit d'un immense exploit et d'une réelle provocation pour les Américains. Ceux-ci enverront leur premier satellite, Explorer 1, le 31 janvier 1958.

3 novembre 1957

À bord du satellite Spoutnik 2, dans un compartiment pressurisé, la chienne Laïka entre dans l'histoire et devient le premier être vivant à voyager dans l'espace. Elle meurt malheureusement environ sept heures après le décollage. Pour préparer les vols habités et le voyage de l'homme dans l'espace, de nombreux autres animaux ont été envoyés en orbite. Ainsi, le premier astronaute français est un rat nommé Hector, envoyé le 22 février 1961. On peut également citer Enos, qui décolle du sol américain le 29 novembre 1961 et devient le premier chimpanzé à être mis en orbite.

29 juillet 1958

C'est à cette date clé pour l'histoire de la conquête spatiale que, par la signature du président américain de l'époque Dwight D. Eisenhower, la NASA, National Aeronautics and Space Act, est créée. Il s'agit de l'agence fédérale responsable de la majeure partie du programme spatial civil des États-Unis, soit l'un des organismes les plus influents à l'échelle planétaire. Elle administre les projets relevant de l'exploration spatiale et de l'aéronautique qui appartenaient autrefois à une branche de l'armée américaine ; on peut notamment citer le programme Apollo, en opposition au programme russe Luna, ainsi que des années plus tard la création de la Station spatiale internationale.

18 décembre 1958

La conquête spatiale revêt de nouveaux enjeux lorsque les États-Unis annoncent la mise en orbite du premier satellite de communication. Une grande avancée ! Le satellite, nommé Score, resté en orbite durant trente-quatre jours, permet ainsi de retransmettre sur Terre sept messages, dont une allocution d'Eisenhower. Il faudra cependant attendre 1962 pour que les premières émissions de télévision américaines soient diffusées via satellite sur les écrans européens.

12 avril 1961

Une nouvelle frontière est franchie par le programme spatial russe lorsque Youri Gagarine, pilote et cosmonaute soviétique âgé de 27 ans, marque l'histoire et acquiert une notoriété internationale et intemporelle. Le jeune homme décolle à 9 h 07 depuis le cosmodrome de Baïkonour à bord du vaisseau Vostok et s'exclame, enthousiaste : « C'est parti ! », avant d'être mis en orbite à 250 kilomètres d'altitude au-dessus de la Terre, pour une durée d'exactement une heure et vingt-neuf minutes. Gagarine revient sur Terre à 10 h 57 : il est ainsi le premier homme à avoir jamais voyagé dans l'espace !

5 mai 1961

Gagarine est suivi de près par l'Américain Alan Shepard. Cependant, la mission de celui-ci n'est qu'à basse altitude et n'aura qu'une durée de quinze minutes.

Par conséquent, on considère souvent John Glenn comme le premier véritable astronaute américain, celui-ci est mis en orbite et fait trois tours de la Terre le 2 février 1962 à bord de la capsule de la mission spatiale Mercury-Atlas 6.

16 juin 1963

C'est à cette date historique trop souvent oubliée que le programme spatial soviétique lance le vaisseau Vostok 6, avec à son bord la parachutiste et cosmonaute Valentina Terechkova. Elle effectue 48 orbites autour de la Terre pour une durée de soixante-dix heures et quarante et une minutes. À 26 ans, Valentina Terechkova, qui passera après sa mission un diplôme d'ingénierie et deviendra une éminente personnalité politique en URSS, est donc la première femme à avoir jamais voyagé dans l'espace. Elle demeure encore aujourd'hui la plus jeune femme à avoir volé dans l'espace, et la seule à avoir effectué une mission en solitaire. Si la cosmonaute est devenue et est encore aujourd'hui une figure nationale en Russie, elle demeure malheureusement profondément méconnue du monde occidental ; alors même que son parcours appelle à l'admiration.

18 mars 1965

L'homme va pour la première fois dépasser la limite des parois du vaisseau pour bel et bien flotter dans l'espace, avec la mission du Russe Alexeï Leonov. Celui-ci, relié par sécurité à sa navette, effectue le premier vol extravéhiculé pour une durée de quinze minutes. Il devient ainsi le premier homme à flotter dans le cosmos, suivi bien sûr par l'Américain Edward White le 3 juin 1965. On notera encore une fois que les avancées constantes dans les domaines techniques et aéronautiques sont une toile de fond de la compétition effrénée opposant les deux puissances belligérantes. Ainsi, ces dites avancées ont un enjeu non seulement scientifique, mais bien idéologique.

26 novembre 1965

Dans ce combat de géants, on remarquera l'implication presque timide d'autres pays dans la conquête spatiale. Ainsi, c'est en cette fin d'année 1965 que le premier satellite français, Astérix, est mis en orbite par la fusée Diamant A, dont le lancement est effectué dans le désert du Sahara algérien. La France, sous l'égide des États-Unis, devient dès lors la troisième puissance spatiale mondiale.

21 juillet 1969

Près de dix ans après la promesse de Kennedy, le 12 septembre 1961 : *« We choose to go to the Moon »* (nous choisissons d'aller sur la Lune), après des années d'investissement de la NASA dans le programme Apollo devenu culte, les astronautes Edwin Aldrin, Michael Collins et Neil Armstrong, dans le cadre de la mission Apollo 11, donnent raison aux mots de l'ancien président américain et marquent « un petit pas pour l'homme, un grand pas pour l'humanité ». Après quatre jours de mission, le module Eagle se pose à la surface de la Lune : « Houston [...], l'Aigle a atterri ». C'est ainsi que, devant plus de 500 millions de téléspectateurs, Neil Armstrong marque un tournant dans l'histoire en posant un premier pas sur la Lune, suivi ensuite par Edwin Aldrin. Cet événement signe la fin de la supériorité de l'URSS sur les États-Unis dans la course aux étoiles.

14 novembre 1971

Après la course à la Lune qui occupa les programmes spatiaux américains pendant plus d'une décennie, le satellite de notre planète est peu à peu délaissé, et de nouveaux horizons voient le jour. On assiste à une multiplication d'envois de sondes au-delà de la distance Terre-Lune. C'est le cas de la sonde américaine Mariner 9 en ce 14 novembre 1971, qui se place en orbite autour de la planète Mars après un voyage de 167 jours, afin de collecter plusieurs milliers de clichés. On peut également évoquer Pioneer 10, qui effectue le 3 décembre 1973 le premier vol autour de Jupiter et qui devient en 1983 le premier objet terrestre à quitter le système solaire.

19 avril 1975

Humiliée par son échec dans la conquête de la Lune face aux Américains, l'URSS se tourne vers de nouveaux projets d'innovation dans l'exploration spatiale. Elle développe donc dans les années 1970 un programme de stations orbitales : On assiste à la naissance de la première station spatiale habitée, « Saliout 1 ». Elle est d'abord occupée par trois astronautes du 7 au 30 juin 1975, mais ceux-ci ne rentreront jamais vivants à causedû à d'un problème de pressurisation. Mais cette première construction inaugure un programme de stations spatiales d'une durée de dix ans, comportant un total de 813 jours d'occupation humaine et plus de 2 500 expériences scientifiques. « Saliout 1 » ouvre ainsi une porte à d'autres programmes de stations spatiales qui verront le jour dans les années à venir, notamment celui de la station russe « Mir, » en 1986.

31 mai 1975

Nommée le plus souvent par son sigle anglais ESA, c'est donc le 31 mai que l'Agence spatiale européenne voit le jour grâce à la signature de 11 États membres européens qui établissent la Convention de l'Agence le 30 mai 1975, sous l'impulsion de la France, du Royaume-Uni et de l'Allemagne. L'ESA est donc une agence spatiale intergouvernementale qui a pour mission de coordonner les projets spatiaux menés en commun par 22 pays européens. Elle est aujourd'hui la troisième plus importante dans le monde après la NASA et l'Administration spatiale nationale chinoise. Sa création en 1975, prémices de celle de l'Union européenne en 1993, donne ún nouvel essor et une plus grande influence aux pays européens dans la conquête spatiale.

17 juillet 1975

Trente ans après le début de cette course effrénée entre les deux puissances, toujours engluées dans une guerre froide semblant infinie, l'URSS et les États-Unis décident une coopération inattendue dans le domaine spatial : la mission Apollo-Soyouz. Celle-ci nécessite plus de trois ans de préparation commune, dans un contexte de conflit politique toujours tenace. Ces trois années aboutissent sur une rencontre américano-russe en orbite, dont l'on peut retenir une poignée de main dans l'espace devenue célèbre entre l'astronaute Thomas Stafford et le cosmonaute Alexeï Leonov. Si la mission Apollo-Soyouz n'a pas de suite directe pendant plusieurs décennies et s'il faut attendre la chute de l'URSS pour qu'une réelle union à l'échelle spatiale soit possible, elle demeure une base de la coopération spatiale. Cette coopération sera notamment visible vingt ans plus tard, le 29 juin 1995, lors de l'assemblage de la station spatiale russe Mir (qui signifie « paix ») et de la navette spatiale américaine Atlantis.

24 juin 1982

C'est lors de la mission franco-soviétique PVH, à bord de la station Saliout 7, que Jean-Loup Chrétien, général de brigade aérienne français, pilote de chasse et spationaute au CNES, puis à la NASA, devient le premier Français et premier Européen de l'Ouest à voyager dans l'espace. On le connaît également comme le premier non-Américain et non-Soviétique à avoir effectué une sortie extravéhiculaire dans l'espace.

28 janvier 1986

Devant des milliers de spectateurs et téléspectateurs, la navette Challenger décolle avec, à son bord pour la première fois, une astronaute non professionnelle, l'institutrice Christa McAuliffe. Une première, un événement suivi sur la chaîne CNN par des spectateurs, notamment des écoliers du monde entier. Il ne faut que 73 secondes de vol et 14 000 mètres d'altitude pour que l'événement tourne au drame. Sous les yeux horrifiés de la planète, l'engin s'enflamme, puis se désintègre, tuant ses sept passagers sur le coup : deux femmes et cinq hommes. L'accident tragique est dû à la perte d'un joint d'étanchéité sur l'un des propulseurs. Une commission présidentielle est mise en place et met en évidence des graves déficiences dans la gestion de la sécurité au sein de la NASA. Ce drame devenu tristement célèbre n'est pas le seul accident spatial ayant causé des pertes. On compte 23 astronautes morts durant des entraînements ou des vols spatiaux, soit un peu moins de 5 % de toutes les personnes étant allées dans l'espace.

4 mai 1989 – 24 avril 1990

Il s'agit ici de deux événements bien distincts, mais qui tous deux démontrent l'expansion de l'homme dans sa découverte de l'Univers, sans relâche, sans limites, jamais rassasié de nouveaux horizons. D'une part, la sonde américaine Magellan est propulsée par la navette Atlantis en 1989 afin d'établir une découverte plus précise de la planète Vénus. D'autre part, un an plus tard, la navette Discovery propulse l'observatoire orbital Hubble, un télescope nommé en l'honneur de l'astronome Edwin Hubble. Ce télescope, s'il a d'abord présenté un défaut dans sa fabrication, demeure une innovation immense ayant permis de mieux connaître le fonctionnement de l'Univers.

1998

C'est donc en 1998 que 15 pays dont la Russie et les États-Unis, éternels ennemis enfin en entente, collaborent à un projet international et intergouvernemental d'une ampleur sans précédent. Née d'une fusion entre la station américaine Freedom, la station soviétique Mir 2 et le laboratoire européen Colombus, l'ISS voit le jour. La construction de la Station spatiale internationale, ayant coûté plus de 150 milliards de dollars, débute en 1998, c'est en 2000 que les premiers astronautes y sont reçus, et elle atteint en 2011 sa configuration actuelle.

6 août 2012

Près de quarante ans après l'obsession pour le satellite lunaire, les programmes spatiaux tendent à aller toujours plus loin dans l'exploration de notre univers, notamment des différentes planètes de notre système solaire. S'il y en a bien une qui captive, questionne et interroge, c'est sans aucun doute Mars. Ainsi, c'est en 2012 que le robot Curiosity ouvre une nouvelle fenêtre sur l'avenir sous les yeux du monde entier en se posant sur la planète rouge. Ce robot à tête de cyclope de 899 kilos a pour objectif de déterminer si l'environnement martien a pu, dans le passé, permettre l'apparition de la vie. Construit par des ingénieurs américains et français, il a pu livrer quantité d'informations sur la planète de tous les possibles.

3 janvier 2019

La Lune, délaissée depuis plusieurs décennies, voit sa surface nouvellement explorée par une puissance spatiale émergente, la Chine. Lancée le 7 décembre 2018 et mise en orbite le 13 décembre, la sonde spatiale Chang'e 4 alunit sur la face cachée du satellite, une première dans l'histoire. Si le pays s'était déjà placé dans la conquête spatiale en 2003 avec son cosmonaute Yang Liwei, premier « taïkonaute » à aller dans l'espace à bord du vaisseau Shenzhou 5, cet événement marque d'autant plus sa nouvelle influence dans ce domaine et dans d'autres.

30 mai 2020

L'entreprise Space X, fondée par le milliardaire Elon Musk, devient la première entreprise privée à effectuer un vol spatial habité. C'est à bord de la fusée Falcon 9, créée par Space X sous l'instigation de la NASA, que les deux astronautes Bob Behnken et Doug Hurley sont envoyés vers la Station spatiale internationale. Ainsi, nous rencontrons aujourd'hui de nouveaux enjeux dans la conquête spatiale, plus uniquement scientifiques et idéologiques, mais également commerciaux. On évoque de plus en plus un futur « commerce spatial », qui s'est déjà concrétisé la première fois en 2001.

20 avril 2021

L'astromobile Perseverance, qui avait rejoint Curiosity sur Mars il y a plusieurs années, est parvenue au printemps 2021 à synthétiser du dioxyde de carbone en oxygène lors de la mission d'exploration de la planète commanditée par la NASA, une première dans l'histoire de la conquête spatiale !

L'exploration de notre univers, née de la curiosité propre à l'homme et alimentée pendant plusieurs décennies par une compétition terrible entre deux géants, ne cesse encore aujourd'hui de gagner en ampleur. Après avoir franchi l'atmosphère, après avoir posé un pied sur la Lune et découvert une infime part des mystères de notre système solaire, les scientifiques et ingénieurs tentent de dépasser les nouvelles frontières des cieux et de faire de la science-fiction une réalité. Aujourd'hui, centre de tous les questionnements et désirs, Mars. Un défi technique sans précédent, un objectif vertigineux, un rêve illuminant les yeux de nombreux hommes et femmes à travers cette planète, notamment ceux de l'astronaute français. Demain, une réalité ?

Achevé d'imprimer en novembre 2023
sur les presses de la Nouvelle Imprimerie Laballery
58500 Clamecy
Numéro d'impression : 311162

Imprimé en France

La Nouvelle Imprimerie Laballery est titulaire de la marque Imprim'Vert®